# Project Based Learning

# 项目式学习

## 教师不可不知的
## 8个关键问题

[美]

Ross Cooper　　罗斯·库珀 / 埃琳·墨菲　　Erin Murphy

著

赵小莉

译

Real Questions. Real Answers.
How to Unpack PBL and Inquiry

上海教育出版社
SHANGHAI EDUCATIONAL
PUBLISHING HOUSE

献给所有把学生置于工作中心的教师。献给所有致力于提升教师能力的学校管理者。

——罗斯

献给所有值得更好的学习、值得为人们所知的学习者。

——埃琳

# 同行评价

我们都不喜欢被人教，但这却是大多数学生在课堂上必须忍受的事。这是一本鼓舞人心的书，其重点是教师和学生共同学习的过程。作者提供了详细的指导，告诉我们该如何实现这个过程。

——彼得·德威特（Peter Dewitt），教育学博士、作家、咨询顾问，

《教育周刊》（*Education Week*）

寻找共同点（Finding Common Ground）博客博主

本书是那些渴望为所有学生创造更多个性化和探究性体验的教育工作者的必读之作。总有人告诉我们，做一件事必须从头开始，但库珀和墨菲的书并不认同这种观点。他们分享了自己的见解和实用策略，解决项目式学习中的最紧迫问题，让你从自己正在做的事情开始，为你的学生创造绝佳的学习机会。

——凯蒂·马丁（Katie Martin）博士，

"高度学习"首席影响官，

《以学习者为中心的创新》（*Learner-Centered Innovation*）作者

所有学生都应该享有这样的学习：他们能积极投入，动手实操，他们能关切并解决问题。本书的作者提供了一把钥匙，让教师能为学生带来这样的学习。我也想促进学生的项目式学习，因此我将把本书作为案头参考书。

——谢利·桑切斯（Shelly Sanchez），数字创新者、STEM 教师，

《破解数字学习的策略》（*Hacking Digital Learning Strategies*）作者

世界各地的学生都渴望获得与众不同的学习体验——不同于传统的事实回忆和程序复述的学习体验。在这本了不起的项目式学习资源书中，库珀和墨菲向我们解释了如何开展具体的组织工作、在学校中促进学生进行更深入的学习、激发学生的主动性，以及增加更多真实的学习任务。这本书中有很多有用的模板和规则、对具有挑战性问题的回答，以及能够激发学生学习的想法。让我们使用本书中的实用策略，拥抱"积极困境"，使学习变得与众不同。（来自几百万名学生的声音："快点这样做吧……"）

——科罗拉多大学丹佛分校副教授斯科特·麦克劳德（Scott McLeod）博士，

教育技术领导力研究中心（Center for the Advanced Study of Technology Leadership in Education）第一任主任

库珀和墨菲创建了项目式学习宣言。你可以将本书从头读到尾，也可以结合你在项目式学习中产生的问题，把本书当作项目式学习手册反复使用。本书的作者是两位在学校一线工作的实践者，他们融合了故事和具体工作策略，使项目式学习可行、切身相关、有意义。买下这本书，然后再准备一些荧光笔和便利贴，阅读时你会需要它们。

——A.J. 朱利安尼（A.J. Juliani），

《赋权》（Empower）和《启动》（Launch）合著者

库珀和墨菲为教育工作者编写了一本指南，回答了有关项目式学习的问题，并提供了具体步骤，让读者可以在自己的课堂上推进项目式学习。本书包括很多项目式学习的具体例子，以及大量帮助你深入体验项目式学习的资源。如果你已经在考虑与学生一起尝试项目式学习，或者打算进行深度实践，那么本书就是为你准备的。

——莫妮卡·伯恩斯（Monica Burns），

教育学博士，《任务在手机应用之前》（Tasks Before Apps）作者，

Classtechtips.com 网站创始人

如果你是一个以学生为中心、注重探究和自主学习的教师（或教育领导者），那么本书就适合你。库珀和墨菲经过深思熟虑创建了项目式学习路线图，帮助教育工作者了解项目式学习可以为所有内容领域搭建框架，因此教育工作者不需要单独规划项目式学习时间并将它当成某种独立的特殊体验。本书有很多图表，提供了丰富的资源，有助于揭开项目式学习的神秘面纱，并为所有教师和学习者提供了实用的策略和变革性的资源。

——托尼·西纳尼斯（Tony Sinanis），

教育学博士，2014年纽约州年度最佳小学校长，

《破解领导力》（*Hacking Leadership*）作者之一

## ▌CONTENTS ▌目 录

# 前　言

开始阅读前，请你花一点儿时间来回忆自己上学时的经历。无论那是几年前还是几十年前，你是否记得最令你难忘的学习经历是什么？让你最积极投入的经历是什么？哪些学习经历产生了影响深远的学习成果？哪些经历培养了你在毕业后仍然能使用的技能？哪些学习经历让你成为聚光灯下的人物？为什么这些经历令人难忘？这些经历为何会对你有这样的影响？

今天的"网飞（Netflix）一代"的学习者比历史上任何一代学习者都更加多元化。与此同时，今天一个联网的学生在他的手机上拥有的信息比以往许多人一生中所接触的信息都多。在一些教室里，学习仍然意味着控制和服从；而在其他教室里，解决问题、创造和深入学习成为日常经历的一部分。在一些环境中，21 世纪的工具叠加在 20 世纪的教学法之上；而另一些环境则可以帮助学生发展适应未来的技能，无论学生在高中毕业后选择做什么，这些环境都可以帮助他们做好准备。在一些地方，强制性的学习经历使孩子在毕业时就失去了对学习的热爱；在其他地方，学校点燃了学生改变世界的热情，而学生获得的技能使改变世界成为可能。

你所在的教室、学校或地方是哪种类型的？你怎么分辨？

如果你了解创新的目的，项目式学习（PBL）将会成为你的教学工具箱中最好的工具之一。若你致力于达成你的目标，接下来的问题就是怎么做。本书将成为推动你的旅程的一项极好的资源。

如果学习成果只是对低层次材料的反刍，那么这种学习没有任何意义，而且不能帮助学习者为未来生活做好充分准备。我们需要更多的教学创新，让学习对这一代学习者来说更加有意义。在设计以深度教学方法为基础的创新经验时，我们可以使学习经验既切合当代，又充满意义。如果学习者有主动性，在学习中能够共情，同时能获得现实世界需要的技能，他们无疑就可以改变周围的世界。要知道，他们已经在改变世界了，这不是什么秘密。

在新冠疫情期间，美国西雅图市 17 岁的阿维·希夫曼（Avi Schiffmann）设计并上线了 nCov2019.live 网站。这是一个即时更新的网站，为人们提供世界各地新冠病毒确诊病例的统计数据。每天有数百万人访问这个网站。希夫曼的目的是什么呢？为人们提供获取准确信息的途径，同时安抚人们的焦虑情绪。虽然从希夫曼的成绩上看，他不一定是人们所认为的那种优等生，但他对世界产生了深远的影响。

美国新泽西州 13 岁的达留斯·布朗（Darius Brown）在目睹了哈维飓风 ① 的影响后，开始学习为猫和狗缝制领结，以帮助它们获得被收养的机会。他没有多少钱，但他有创造力，有自己愿意为之奋斗的目标。他设计并制作了 500 个领结，用来帮助世界各地的动物。

然而，学生不应该经历一场灾难后才有机会设计创造产品、追随自己真正热爱的东西或展示同情。这些突破也不应该只发生在校外。

在美国加利福尼亚州的奥克兰市，一些十年级学生在课上为西非国家布基纳法索的一个村庄创作儿童书籍。那个村庄正在建造一所学校。这些学生并没有从学习儿童文学开始。他们找到了真实的读者，并为这些读者出版了独特的作品，以这种方式来学习。

相关性和目的性是项目式学习的重要特征。这就是为什么学生在解决身边的问题时，能够产生最重要的学习经历。

幼儿园的学生在学习与动物相关的内容时，参观当地的动物收容所，并合作制作了提倡宠物收养的社区标牌。三年级学生通过采访了解目前

---

① 哈维飓风是 2017 年大西洋飓风季中的一个热带气旋。——译者注

学校的零食供应情况，发起提倡健康饮食的运动。五年级学生给当地镇政府写信，提出了更好、更有效的社区垃圾回收计划。你的课堂有无限可能性，更重要的是你的学生对世界产生的影响也有无限可能性。

项目式学习采用以学习者为中心的视角，并最终实现创新。然而在我们的学校中，这种真实且个性化的学习体验往往是例外，而不是常态。如果你能长期坚持推进项目式学习，就能持久地造福人类。教师是世界上最伟大的职业，因为可以在学生的生命中留下痕迹，乃至影响未来几代人。毫无疑问，你会被人们记住，但最重要的是你因何被人们记住。不会是因为你的教学内容，而必将是因为你给他们带来的经历而被记住。

你将如何释放那些每天走进你的教室的学生惊人的潜力？什么样的学习经历能够赋予他们最大的力量？你留给世界的最终会是什么？

我毫不怀疑，你会像我一样喜欢这本书。在本书中，项目式学习和探究式学习的两位著名思想领袖库珀和墨菲将引导你了解 PBL 的一些最具挑战性的方面，并且让你从他们的故事中得到启发，从实际的例子中学到实用的技能。同时，库珀和墨菲将激励你挑战陈规，反思自己的做法，并支持你创造今天的学习者为获得成功所需的 PBL 学习体验。而且，你也将在这一过程中逐步积累你留给世界的馈赠。

你准备好了吗？让我们开始吧！


一切为了我们所服务的孩子。


托马斯·C. 默里（Thomas C. Murray）

创新未来学校负责人

《个性化与真实学习：设计影响一生的学习经历》（*Personal & Authentic: Designing Learning Experiences That Impact a Lifetime*）作者

序　言

# 为什么要
# 进行项目式学习？

提出正确的问题，答案自会显现。

——奥普拉·温弗里（Oprah Winfrey），脱口秀主持人

## 罗斯的原因

1990 年，我在美国康涅狄格州奥兰治市的纽黑文希伯来日间学校读完了一年级。我母亲保留了我所有的旧成绩单，所以我可以告诉你，我的老师温特斯夫人在我学年的最后一个记分周期的成绩单上写了以下评语：

> 罗斯今年在英语方面取得了非常好的学术进展。如果是他感兴趣的东西，他很喜欢学习；但如果是他不感兴趣的，他就很难遵守学校的规则。祝你有一个快乐和健康的夏天。
>
> ——玛丽·温特斯（Mary Winters）

温特斯夫人的这种感慨或多或少是我整个学生时代的主题，在我成年后有时也是如此。虽然我很喜欢学习，但我从来不真正喜欢学校，因为在学校我得在我根本不感兴趣的事情上花大把时间。因此，我经常调皮捣蛋。

有一句话是这样说的："去成为你年轻时需要的那种人。"这是我成为一名教育工作者的原因，也是我进行项目式学习的原因。我喜欢学生，我将不知疲倦地改善学生的学习体验，采用诸如项目式学习的方式，使学生成为学习的主人。我做学生的时候没有太多这样的机会，而现在我想为其他人创造这种机会。

## 埃琳的原因

我在上大学四年级的时候参加了一个实习项目，内容是用项目式和探究式学习的方式进行教学。当时，我认识到这种类型的学习与我自己在学校的经历不同，但其好处是显而易见的：我教的二年级学生对他们学习的内容有深层次的理解，这一点从他们的对话、书面回答和产品创造中可以看出。经过一年的实习，我开始把这种学习方法视为常规。但是，当我毕业后真正开始教书时，我发现项目式学习在大多数学校实际上是例外。那种以基础读写、教科书和作业单为中心的教学方法令我感到困惑，我不明白为什么明明有更多吸引人且有效的方法，却没有人使用。

现在，作为两个女孩的家长，我有了不同的视角。我的女儿们有着惊人的好奇心，对学习有着永不满足的渴望。她们把"发现新事物"作为自己最大的爱好。我担心教育系统可能会使我的女儿或其他孩子认为，学习只是把信息从教科书转移到作业本上，而不是探索与发现的激动感觉。我开展项目式学习的原因可以归结为，我相信孩子们应该拥有激发好奇心和培养快乐的学习经历。

## 我们的方法

每当我们开展项目式学习时，我们都会回想一下最初决定接受这种方法的原因。这些原因成为我们的动力，并帮助我们使工作变得更加人性化。因为如果我们所做的事情不能在个体层面上与人产生共鸣，我们的课程工作就没有意义。

同时，我们意识到，不是每个人都像我们一样对项目式学习充满热情。可能你像我们一样满怀热情乃至比我们更积极，也可能你不喜欢项目式学习，但有人强迫你这样做。无论是哪种情况，既然你已经接触到项目式学习，就让我们来看看这种方法会怎样使你和你的学生受益，以及为什么你可以考虑使用项目式学习来改变你的班级、学校或学区的教学。

# PBL 让学习更切身相关（不仅仅是提高学生的参与度）

根据我们的经验，无数的学校优先考虑的是怎么做才能让成年人最舒适，而不是怎么做对学生最好。然后，如果学生对我们所做的事情不买账，我们还会觉得学生有问题。

这种做法带来很多后果，突出的一种就是学生缺乏主体性，他们没有选择权。根据夸利亚研究所（the Quaglia Institute）的《学校声音报告》（School Voice Report, 2016），56% 的学生认为他们在学校决策中没有发言权。其结果之一是，43% 的学生认为学校很无聊。虽然我们中的许多人可能认为我们给了学生发言权和选择权，但这只是自欺欺人。

*罗斯：*作为一名四年级教师和一个喜欢美食的人，我经常给学生布置一个"顶级厨师"项目，要求他们写有关餐厅的评论。每个学生都会自己选择餐厅，在整个用餐过程中做笔记，然后将笔记改写成专业的美食评论，发布在博客上并发送给餐厅。不能去餐厅的学生则评论家庭烹饪，这总是很有趣，但也很有争议。

当我们告诉教师这个项目时，他们通常会被吸引。但是，当我们分析这个项目时，我们发现我从来没有问过我的学生是否喜爱美食，或者是否对评论餐厅感兴趣。回过头来看，我本可以把"顶级厨师"作为展示学生学习成果的几种方式之一，同时也让他们自己想出一些方案。或者，在项目开始之初，我可以问学生是否想写有关餐厅的评论。

倾听学生的声音，重视学生的选择，可能带来相关性（提供机会让学生对他们的兴趣感到兴奋），而不是参与性（试图让学生对我们的兴趣感到兴奋）。这二者是有很大区别的。向学生推销我们的兴趣会让学生产生参与感，但这种参与感往往是短暂的，而提供机会让学生做主是以学生为出发点，优先考虑他们感到独特的东西。这使他们成为相关学习经验的设计者或共同设计者，可以激发他们内在的动力。

如果学生成为学习的主人，教师和学生的舒适程度会因环境而异。

教师可能还没有准备好放弃控制权，而学生可能不知道当他们拥有控制权时该如何行动。无论如何，我们应当努力让学生做主。但是，这种转变说起来容易做起来难，我们中的许多人可能都不知道到底该怎么做。

因此，项目式学习显得更加重要，因为它给我们提供了一个坚实而灵活的框架，使得学生能够发出声音，做出选择，开展有意义的学习。如果没有这些元素，可以说我们做的就不是项目式学习。项目式学习与学生的发言权、学生的选择权及对学生有意义的学习相一致，有以下两个原因。

第一，因为项目式学习要求我们制订长期的计划，所以我们没有那么急迫地要求学生此时、以此种方式展示此种学习。我们在时间和方式方面有灵活性，因为我们只希望学生在项目结束时以某种方式达到他们的目标，甚至我们还可以给项目延期。西蒙·斯涅克（Simon Sinek）用下面这句话漂亮而简洁地总结了这种情境："既然我们已经清晰地知道要去的地方，就可以灵活地选择到达那里的方式。"

第二，每个 PBL 单元一般都涉及至少一个项目。在这个项目中，学生创造一个产品，参与一项活动，或者解决一个问题。学生（和成人）在阅读时总是带有偏见，因此永远无法真正在"文本的范围"内阅读，同样的道理，学生也永远无法在"项目的范围"内工作。除非我们给他们提供包含具体步骤的详细指南（而我们不应该这样做），否则学生一定会根据他们的长处、经验和背景知识，以他们自己特有的方式展开他们的项目。

不习惯项目式学习的学生有时会寻求教师的许可或支持，来行使他们获得的灵活性和自主权。不过，对项目式学习感到自如的学生，会全身心地投入工作，仿佛这样做本来就是他们的权利——实际上正是如此。

"有意义的学习"并不是某种我们给予学生的东西。相反，我们要为学生创造条件，让他们成为自身工作的主人。项目式学习可以使这些条件成为现实。

## PBL 帮助我们工作得更智慧，而不是更辛苦

我们中的大多数人可能都记得我们做实习教师时必须上交的传统教案。这些教案很多都遵循马德琳·亨特（Madeline Hunter）的教案模式：课程目标、课程标准、课堂导入、教学过程、指导性练习和监测、结束语、独立练习。我们的单元计划可能是由很多个教案组成的，装在大到没有必要的活页夹里。这些教案除了隶属于一个大的主题外，彼此之间没有其他联系。

我们相信在我们的许多学校中这种类型的单元教案仍然普遍存在。下面是一个这类教案的典型案例：

1. 教师引入一个主题，如"政府的三个部门"。

2. 学生通过一系列的课程学习上述主题。这些课程可能属于一个单元，也可能不属于。在学生学习的过程中，教师用形成性评估来调整教学的方向。

3. 学生参加考试，内容是他们从课程中学到的信息。

4. 这一单元结束，所有学生开始学习下一个单元。

这种方法显然有很多问题，我们在这里主要考虑三点：（1）教师是在不考虑学生的情况下进行教学的（完全有可能明年对另一批学生进行同样的教学）；（2）除非学生对"政府的三个部门"情有独钟，否则除了在考试中取得好成绩外，他们没有其他学习的动力；（3）我们从来没有向学生说明他们在学习"政府的三个部门"后应该知道什么、理解什么、能够做什么。因此，该单元缺乏真正的方向性，感觉就像教师在试

图将一个复杂的主题塞进不足的教学时间，向学生灌输事实，然后要求他们反刍。

这种每节课都单独设计的方法是有缺陷的，因为我们设计的教学方式不能使学生的学习效果实现最大化。可以说，我们过于努力地执行一些实际上并不能奏效的东西。项目式学习可以帮助我们工作得更智慧，而不是更辛苦。项目式学习是一种整体性的教学计划方法，其核心是基于探究的教学单元——在这样的教学单元中，学生主要通过调查和探索来学习。

在项目式学习中，我们仅仅提供有价值的情境，学生则不断地将他们所学的知识应用于至少一个项目，同时达到学习目标。这些目标与我们希望学生知道、理解和能够做的事情相一致，而且这些目标通常是用评分量规（rubric）或相似的形式来评估的。部分（个别课程）和整体（项目）之间的张力至关重要，而项目是连接个别课程和整体学习经验的黏合剂。当学生通过积极困境把他们学习到的内容运用到项目中时，他们会对内容有更深的理解。如果没有项目，教和学就没有抓手，学生实际上学习到的内容就会少得多。这相当于学生学习了一大堆零散的事实和技能，却没有机会应用。

实现向项目式学习的转变听起来可能令人生畏，但它可以让教师和学生实现双赢。学生可以通过项目和探究来学习，而教师则不必为每天到底该教什么和如何教而备受折磨。此外，我们能够在一个真实的环境中同时指向多项课程标准，而不是像过去那样通常只指向一两个标准。

作为教师，我们主持的项目式学习短则两周，长则十周。其中一些确实需要相当长的时间来计划。然而，随着每个单元的推进，我们的计划变得更加有效。虽然在启动项目式学习之前我们要做相当多的计划，但这也意味着每天提前备课的时间变少了。我们与其问自己要教什么、怎么教，不如花更多的时间对学生在整个学习过程中的需求做出反应。是的，这项工作可能仍然很耗费精力，但它能帮助我们满足学生的需求。

同时，我们可以避免因逐日备课而产生倦怠。

采取这种整体性的教学方法也有助于促进教师之间的合作。例如，在个人化教育计划（IEP）①中，特殊教育教师经常与班级教师合作。刚参加工作时，我们每周五都会给特殊教育教师一份下周计划的大纲，然后由他们进行调整。

这样做的效果并不理想，因为我们每周五要多做一件事，而且留给特殊教育教师调整课程的时间很短。几年之后，我们转向项目式学习。这时，我们不再仅仅分享每周的教案，而是每三到四周与特殊教育教师正式会面，讨论下一阶段的项目和计划，这就给了他们足够的时间为学生做出调整。同样重要的是，我们共享课堂教学的主权，因为我们都在为同一个长期的愿景而努力。

## PBL 为专业学习提供情境

身为教育管理者和领导者的我们，在职业生涯的早期，可能不得不无可奈何地忍受各种教育改革举措，不堪重负。我们甚至可能到处说教育行政官员的坏话。我们向自己保证，等我们上位后，永远不会像他们那样对待我们的教师。然而，当我们终于对教师专业发展有了发言权时，教师们却同样觉得不堪重负。这看上去十分讽刺。

作为教育管理者，我们能够带头促进教学改革和教师专业发展。尽管我们都曾向自己保证绝不会出现增加教师负担的情况，但仍有教师向我们两个人表达了他们的担忧。我们学到的是，摩擦是所有变革的一部

---

① IEP（Individualized Education Plan）：个人化教育计划，是针对学生的个人需要而制定的教育计划。在美国，每位接受特殊教育的学生都有一份这样的计划文档。——译者注

分；无论我们的初心是多么好，仍然会有一些人以这种或那种方式提出批评。尽管如此，当我们与这些教师互动时，我们仍然可以做到以下两点：（1）寻求对他们立场的理解，同时自问我们是否可以改变自己的做法；（2）确定他们的声音是否代表大多数人。

即便如此，依然有无数学校和学区对教学改革感到倦怠，我们自己的学校也是如此。对教师每天、每周、每月要做多少事，管理者常常难以体察。

道格·里夫斯（Doug Reeves）在2010年重申了这一观点，同时也为我们指出了正确的方向：

> 教育领导力意味着专注。不幸的是，各级领导的典型做法是分散，往往以各种战略计划作为幌子……当少数学校的举措得以深入实施时，大规模的改进最有可能发生，以零散的方式实施大量改革计划，效果往往不佳。

项目式学习可以使我们变得更加专注。

在《破解项目式学习：在课堂上实施 PBL 和探究的 10 个简单步骤》（*Hacking Project Based Learning: 10 Easy Steps to PBL and Inquiry in the Classroom*, 2016）中，我们透露："我们越是熟悉项目式学习，就越是认识到它是一系列最佳实践的结合。"这些实践（其中许多既可以与项目式学习一起使用，也可以独立使用）包括但不限于：营造鼓励探究和创造的文化，设计灵活的学习空间，教授协作技能，促进学生自我评估，通过会谈和反馈提升学生的学习能力，整合直接教学，使用形成性评估来推动教学，让学生发表自己的作品，以及让学生自我反思。

这些教学实践可能与我们学校或学区中正在进行的教学变革或教师培训一致。如果孤立地看待这些教学方法，我们就会感到不堪重负。如果是放在项目式学习的总体框架之下，我们（和学生们）就更容易体会到这些方法能够形成一个促进教与学的整体。

此外，通过将项目式学习视为系列教学实践的综合，而不是一个一揽子框架（要么做项目式学习，要么不做），我们可以从不同切入点开始向项目式学习连续地过渡。例如，很多时候教师被告知："每个人都必须让学生参与至少一次项目式学习。"在我们目前的教学风格之下，这句话可能会让人不知所措。但是，根据我们学生的优势和需求、我们自己的舒适程度以及可用的资源，我们也许能够成功地实施项目式学习的某些组成部分，如灵活的学习空间和让学生发表作品。如果是这样的话，我们应该为我们愿意承担风险和向前迈进而感到振奋。我们也应该继续成长，直到我们所做的可以被他人认定为成熟的项目式学习——即使到了那时候，我们也还有改进的空间。

因此，我们面临的挑战是专注于项目式学习，而不是一次关注很多事，因为系统地实施新方法需要我们付出大量时间。正如吉姆·柯林斯（Jim Collins，2001）在《从优秀到卓越》（*Good to Great*）中所说，我们必须"建立一个'停办事项清单'，系统地删除任何不重要的东西"。在规划教师专业发展时，我们最好选择一个明确的方向并坚持下去，同时也为教师提供一些选择空间。我们需要避免这样的做法：总是规划新的"学习路线"，总是想要追寻最新潮流，或总是想要解决最紧急的问题。

同时，我们可以鼓励教师（和教育领导者）对自己的专业发展更加主动，而非总是等待地区教育局的指导或指定教师培训日。在拥有健康文化的学校和学区，人人都可以发起并领导变革。就像教师要赋权学生一样，行政人员也应该赋权教师（以及其他所有人）。总而言之，我们的语言和行动必须传达出这样的观点：他人的想法很重要。

我们的语言和行动必须传达出这样的观点：他人的想法很重要。

## PBL 让我们为未来做好准备

如果我们想继续前进，我们需要知道我们为什么要这么做，也需要知道该怎么做。我们永远不能失去对"为什么"的体察，我们不能仅在教学变革之初关注一次，然后就将它抛诸脑后。而对具体应该怎么做，我们的策略和框架必须无比清晰。

对我们两个人来说，"为什么"包含在下面这个问题中：我们到底是在尊重每一名学生的独特性，还是在强迫他们服从我们？

我们之所以要写作本书，是因为项目式学习到底应该怎么做，人们有时说得并没有那么详细。正如经济合作与发展组织的网站所说，"未来思维是一种对未来十年、二十年或更长时间内包括教育在内的社会生活各领域将发生的重大变化进行全面思考的方法"。我们每天在浏览社交媒体时都会看到一些关于"未来"的文章和资源。我们还听到无数教育家和演讲者呼吁学校进行变革，他们大声疾呼："85%的学生未来的工作现在甚至还不存在！"我们明白这一点。虽然我们相信这些话在 PBL 专业学习中确实有一定的价值，但对未来诗情画意的想象无法代替接下来要进行的艰苦工作。大多数教师希望有实用的策略来促进我们的学生进步。

有很多书都写到我们的学校是如何让我们的孩子失败的，以及世界已经改变了但我们的教育系统还没改变。本书和那些书不同。本书讲究实用性，是关于如何做的。不过，我们也想给你提供一些参考信息。

每年，全美大学和雇主协会都会进行一项调查，以了解雇主希望未来雇员身上具备哪些特质。根据截至本文写作时的最新报告《2020 年就业前景》（*Job Outlook 2020*），以下是雇主们最重视的十大技能（按顺序排列）：

1. 解决问题的能力

2. 在团队中工作的能力

3. 较高的职业道德

4. 分析 / 量化能力

5. 沟通能力（书面）

6. 领导能力

7. 沟通能力（口头）

8. 主动性

9. 注重细节的能力

10. 技术能力

对这些技能的客观审视可以告诉我们，我们的学校是否在培养学生这些技能。

许多学校和学区正在通过强调 4C（批判性思维、沟通能力、协作能力和创造力）来推进工作。这当然是一个起点，但我们需要对这些术语的内涵有共同的定义和理解。此外，如果我们孤立地处理这些技能，便传达了这样的信息——这些技能是独立运作的，而不是一个导致深入理解内容和增强技能的整体过程的一部分。实际上，这些技能都可以渗透在项目式学习的过程中。

许多调查和研究也呼吁对教育系统进行改革。麦肯锡公司在 2015 年发表的一项研究得出以下结论：

关键在于，45%（现有的）工作活动可以利用已有的技术实现自动化。如果处理和"理解"自然语言的技术能够达到人类的中位水平，那么美国经济中还有 13% 的工作活动可以实现自动化。

基于我们现有的技术，事实性的知识应有尽有，而且可以免费获得。如果我们的大部分教学都集中在事实层面，或训练学生做自己本可以独立完成的工作，我们应该自问为什么要这么做。

就学生在学校的参与度，盖洛普公司调查了 500 多万名五年级到十二年级的学生。总体而言，29% 的学生声称"不参与"，24% 的学生声称"主动选择不参与"。一般来说，随着年级的上升，学生的参与程度会缓慢而稳定地下降。在所有年级中，只有 30% 的教师报告学生参与程度很高。这份调查报告在陈述了这些现象之后提出了行动建议，其结论是"建立一种参与度高的学校文化不是一蹴而就的事情，它是一个过程，需要有意和持续的努力。虽然创造参与感并不容易，但它绝对值得"（Hodges，2018）。

项目式学习可以帮助我们建立这种文化，而且还能做到更多。


## 真实的问题

2016 年 12 月，我们出版了《破解项目式学习：在课堂上实施 PBL 和探究的 10 个简单步骤》。该书揭开了 PBL 的神秘面纱，提出了教师和学生可以使用的 10 个获取成功的方法。

该书出版之后，我们有幸与成千上万名教育工作者见面并合作。他们正在课堂上开展项目式学习。在全球各地，还有无数的教育工作者希望通过项目式学习为他们的学生创造以学习者为中心的体验。

然而，根据我们的经验，我们知道项目式学习还没有成为主流。问题是，如果有这么多教师相信项目式学习，如果项目式学习能使这么多学生受益，为什么这种方法还没有成为主流？

因为教师心中还有很多问题亟待解决。

在每次研讨会或演讲活动（包括在我们自己的学区进行的活动）开

始之前，我们都会花时间准备我们的谈话要点、幻灯片和学习活动。但是在与教师合作的过程中，我们最喜欢的部分是那些预先设计的剧本之外的对话。参与者提出的问题显示，将新信息与现有知识联系起来需要大量认知性工作；通过这些问题，我们才得以与每个学习者个体建立联系，同时提供他们最需要的信息。

一段时间后，我们发现这些常见问题有一定的模式，我们据此能够预测到教师会问我们什么问题。和任何一位好教师所做的一样，我们会主动提前将这些问题和我们的回答纳入我们的演讲中。然而，我们觉得我们可以做得更多，可以与更多人分享我们的工作。

我们写这本书是因为教师对项目式学习有很多问题，我们想在更大的范围内分享我们的思考成果，让每一个想改善教学的人都能看到。


## 真实的答案

在进一步讨论之前，我们需要解释本书标题中的"真实"一词。"真实"不意味着"正确"，这两者之间存在重要区别。教育中很少有问题有确切的正确答案，教学方法（如项目式学习）也不例外。

我们所说的"真实"，是指诚实。

我们不是在推销一个项目或一个处方。我们的答案基于我们来之不易的经验和容易使用的解决方案。这些是我们已经实践过，并给我们合作的教师推荐过的经验。我们经常把项目式学习视为一个连续的过程，而且它有多个切入点。我们的目标始终是为从业者提供他们所需要的东西——无论他们从哪里开始，都会在工作中感受到成功。

## 如何使用本书

虽然本书回答了一些问题，并深入探讨了项目式学习的各个方面，但贯穿本书的主题是，项目式学习不是孤立的，也不是满足学生需求的万能仙丹。因此，本书更像是一个教师工具包，它可以成为那些想要或需要使他们的实践更有意义的教师的资源，同时为那些项目式学习的实践者提供价值。

因为项目式学习是一个不断实践并改进的过程，所以你可以找到大量关于其中任何单一元素的研究。在适当的时候，我们会在我们的答案中用到一些前人的研究结论。我们站在巨人的肩膀上，我们尊重其他作者和实践者的贡献。有时候，我们会有意提供某些作品（如书籍、视频、TED 演讲）作为参考，以帮助你进行拓展学习。所有资源都可以在本书的网站（realpbl.com）上找到。我们的 Facebook 群组包括成千上万个志同道合的成员，网址是 facebook.com/groups/realpbl。

在演讲中，参与者的共同问题总是以不同的顺序出现，在本书中也是如此。你不需要按照特定的顺序阅读这些章节。你可以选择一个适合你的章节作为起点，然后从那里开始。如果你选择从头到尾读完本书，你的很多问题会得到解答。在这个过程中，你将逐步学会如何进行项目式学习。换句话说，把我们所有的答案串联起来，连接所有的章节，就构成了项目式学习的全部内容。

## 最后的思考

作为爱读书的人，我们常常在寻找可以推荐给其他教师的书籍，因为将正确的书籍交到我们的同事手中，可以帮助我们的学生获得变革性的学习体验。因此，我们一直在阅读，我们知道最强大的教育书籍不是那些只能改变我们思维的书籍，而是那些既能改变我们的思维又能改变我们的行动的书籍。我们相信本书就是这样的书籍。

最后，我们希望自己成为终身学习者，并且我们需要为学生和同事树立这样的榜样，所以我们从未停止过对我们第一本书内容的思考。尽管两本书之间不会有明显的分歧，但当前这本书代表了我们对项目式学习最新、最好和最完整的思考。无论你当前对项目式学习有什么想法，我们相信我们的文字和想法会给你带来启发。

让我们开始吧。

如果你需要有关章节资源，请访问 realpbl.com/resources。你可以使用标签 #RealPBL 加入在线讨论。

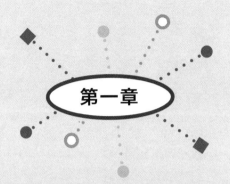

# 第一章

# 真实的问题：
# 如何构建 PBL 体验？

一系列内容和活动并不是教学计划。

——格兰特·威金斯和杰伊·麦克泰格（Grant Wiggins and Jay Mctighe），

《设计学校教育：使命、行动和成就》（*Schooling By Design: Mission,*

*Action and Achievement*）作者

不久前，我们为一个包括约 40 名教育工作者的小组组织了为期三天的 PBL 专业学习。在简短的介绍后，我们要求房间里的每个人，包括行政人员，用 5 分钟写下他们对项目式学习的定义。这些定义被记录后，参与者先在小组中分享他们的定义，然后各组之间分享。在参与者发言时，我们完成了一张 T 形图，其左边的标题是"差异"，右边的标题是"共同点"。

之后，我们继续讨论从 T 形图和整个活动中可以得出什么结论。我们意识到，项目式学习并没有公认的定义。在场的所有教育工作者都认同这一点。

混乱的定义肯定会造成潜在的障碍，因为要实现项目式学习或任何其他教学变革，群体都需要一个共同的定义。这个定义帮助共事的人们相互理解、合作，形成清晰的愿景。同时，一个包含了项目式学习的全部组成部分的扩展定义，可以成为我们共同的底线，让我们知道对课堂的最低期望是什么，同时允许教师发挥其创造力，设计自己的项目式学习。

在第三天的专业学习结束时，我们作为一个小组一起构建了本学区对项目式学习的定义。对这一定义，学员们拥有所有权，因为这是他们在学习过程中自己生成的，而不是从别的地方复制、粘贴的。是的，一个学区对项目式学习的定义可能与另一个学区略有不同，这很正常。

大约十年前，我们在美国宾夕法尼亚州的东部学区工作，第一次主持促进 PBL 的专业培训。我们的课程名称是"项目式学习——是的，我可以！"我们刚开始做项目式学习培训时，假设学员对 PBL 没有任何了解。因此，我们讲项目式学习时，就好像它是一个非常独特的新领域；我们帮助参与者从头开始设计项目，对他们以前的工作没有任何依赖性。

然而，我们很快发现，大多数教育工作者已经在做老式的项目，但不一定在进行项目式学习。现在看起来，这其实一点也不令人惊讶。发现这一点之后，我们改变了做法，把培训当作与参与者合作、从老式的项目过渡到项目式学习的过程，而不是从无到有的过程。这么做有两点好处。首先，我们没有废弃过去的工作。在各种教学变革中，教师收到的信息往往是"忘记你所做的一切，那是错的，这个才是对的"。这种方法不尊重教师先前的工作，让他们陷于被动和疲惫。其次，把工作建立在之前的基础上可以让工作变得更容易，因为我们满足了教师的需求，并帮助他们在已有的基础上更进一步。通常从一到二比从〇到一要容易得多（但也不总是如此）。

让我们来看看老式的项目和项目式学习之间的区别。我们鼓励你在阅读本书时自己给项目式学习下两个定义：一个是一句话的版本，另一个是扩展的版本。你可以将扩展的版本作为你在课堂上对自己的期望（如果你是教师）或对学校教师的期望（如果你是管理者）的底线。

## 真实的回答：识别老式的项目

基本上，老式的项目就是我们在学生时代做过的那种项目。据我们所知，它们仍然存在于大多数课堂中。这些项目可以成为项目式学习的起点。任何熟悉项目式学习的人，包括我们自己在内，都是首先通过实施现有的项目入门，然后随着时间的推移，稳步改进技巧，直到所做的事情可以被认为是项目式学习。这种转变并不是在一夜之间发生的，而是一个持续的、渐进的反思和完善的过程。因此，简而言之，老式的项目不是问题；但如果将这些项目视为最终结果，而不是进入更伟大领域的入口，那就有问题了。

大多数老式的项目都遵循一个可预测的、线性的过程。这个过程是由教师制定的，学生没有太多决定权，乃至根本没有决定权。下面是一段从教师视角出发的关于项目计划的叙述：

我知道两周后我必须教［某个主题］，我想把事情做得更生动一些！所以，我还是先像以前一样讲授，然后让学生进行小组合作，创造［某个产品］。所有这一切可能需要几周时间。为了保持新鲜感，在所有教学结束之前，我不会告诉学生这个项目，但我会在进行这个主题的最终考试之前让他们知道。这样，他们就可以在考试中运用他们从项目中学到的东西了。

为了确保我的学生遵循指示并取得好成绩，我将根据他们遵循指示的程度来评分。我的评分量规和工作指示保持一致，只不过量规不是以段落文字的形式呈现，而是以清单的形式呈现。清单上的每一个项目都包括分值。项目的总分大概是30分。我将把学生的最终分数除以30（或最后的总分）来确定他们的成绩。

学生工作时，我会在周围巡视，帮助他们理解指示。如果有些学生在特定部分有困难，我会把他们召集起来，告诉他们该怎么做。最后，因为我们需要考试并进入下一个主题，所有的工作需要在［某个日期］之前完成。

类似的陈述可能在某个时候在我们所有人的脑海中出现过。请分别结合上面的不同段落，考虑以下问题和评论：

## 第1段

- 为什么所有的学生都必须创造出完全相同的、由教师决定的产品？

- 为什么要等到教学结束后才告诉学生这个项目？如果我们提前告诉他们，他们会感到兴奋，也可以感受到学习内容的意义，因为他们会在项目的背景下学习。

- 如果学生能够通过项目展示他们的学习成果，为什么还要让他们通过考试来再次展示呢？

## 第 2 段

- 如果我们根据学生遵循指示的程度来评分，那我们不就是评价他们是否顺从和听话吗？

- 我们不是应该根据学生达到课程标准的程度来评分吗？

- 将原始分数（如满分 30 分中的 25 分）转换为百分制分数，这种做法是否合理？

## 第 3 段

- 如果我们在学生工作时所做的只是帮助他们遵守指示，那么在项目中真实的学习是在什么时候发生的？

- 我们能不能建立一些制度，让学生充满自信地互相帮助，同时也帮助自己？这样的话，学生就不必总是寻求我们的帮助或许可。

- 一个确定的项目期限是否有必要？

提出诸如此类的问题，对老式的项目进行深入的分析，可以使你在不知不觉中从做项目过渡到进行项目式学习。

老式的项目一般从一个主题开始，然后师生将时间花在与该主题有某种关系的活动上。这种方法通常只是促进表层的学习，学生在工作时记住了一连串的事实；而这些工作只需要学生动手，不一定需要学生动脑。


## 定义 PBL

与老式的项目对应的另一种方法则是 PBL。在 PBL 中，学生在完成项目的同时也对学习内容有着更深的理解。在理想情况下，在项目完成时，学生将有多次机会展示他们对知识的掌握情况。虽然传统的教学往往把学生是否掌握内容这件事描绘得黑白分明——他们要么懂了，要么没懂——但 PBL 允许学生展示他们的理解，这比仅仅是"懂了"更深入。那么，究竟是什么导致了更深入的理解？我们首先要考虑两个主要因素：积极困境（productive struggle）和情境。

**积极困境**。学生正在学习电路知识。他们不背诵定义，也没有人告诉他们该如何建立电路。教师只提供电线、电池和灯泡，要求学生找出所有能使灯泡亮起来的方法。之后，学生会反思在这一过程中的发现。只有在大多数学生理解电路的概念之后，教师才提供简单电路、并联电路、导体和绝缘体的定义。

**情境**。设计活动时，如果我们给学生提供一个项目情境，比如要设计弹球机，这个活动对学生来说就更有意义、更有用。学生可以在制作机器的过程中使用电路知识，从而更深入地理解机器是如何运转的。

项目式学习既令人鼓舞又令人恐惧。我们第一次潜心研究项目式学习时，沉浸在无数的书籍、文章和视频中，许多资料至今仍在流行。这种经历令人鼓舞，因为 PBL 给课堂带来了希望；它也令人恐惧，因为我们不知道如何才能做到。我们在与美国各地的教师合作的过程中，发现大多数人都有同样的感觉。

项目式学习是一个基于探究的教学单元，学生主要通过调查和探索来学习。为了真正理解项目式学习的概念，我们首先需要熟悉项目式学习的计划过程。项目式学习主要通过逆向设计，或"以终为始"的方式来进行设计，这要求我们在一开始就明确我们希望学生从学习中获得什么。具体来说，我们可以把这个过程分成三个步骤：以目标为导向进行设计，设计评估，以及设计教与学。本章前面的项目描述大致遵循了这三个步骤。这三个步骤是我们从《追求理解的教学设计》（*Understanding by Design*）一书中借鉴而来的。

让我们来看看如何规划项目式学习。我们将一步一步地把这个过程逐一分解，最后我们将把上面的老式项目修改成项目式学习。尽管本书是以线性的方式呈现这些步骤的，但由于项目式学习需要不断地修订，所以在这些步骤之间跳转也是有必要的。我们的网站 realpbl.com 上有可编辑版本的项目规划模板，以及使用模板的四个项目案例。

## 第 1 步：以目标为导向进行设计

你在设计一个 PBL 单元时，可以从五个起点出发。这些起点并不相互排斥，所以你可以同时使用多个。

- **学生**。找出和学生切身相关的内容，并将它作为项目的基础。
- **酷点子**。从一个能让你的学生和 / 或你感到兴奋的酷点子开始。
- **过程**。围绕一个过程建立你的项目，如设计思维或工程循环。
- **目标**。确定你希望你的学生收获什么［我们称之为"持久理解"（high impact takeaways）］，并从那里开始进行逆向设计。
- **课程标准**。翻开课程标准，特别是那些提倡动手、动脑和跨学科学习的标准，寻找灵感。

无论从哪里开始，我们的项目都应该与课程标准相关，除非学生参与的是像"天才时间"这样的活动（见第八章），或者我们的组织无需对学生能否达到课程标准负责。

在生成想法时，你也可以依靠项目式学习的三种类型。这三种类型的限制逐渐减少。从"产品型"到"开放型"，教师逐渐把责任交给学生。

- **产品型项目**。所有学生都创造一个产品或共同组织一个活动。学生可以以各种灵活的方式参与，因此学生可以发挥创造力，成为这个过程的主人。

- **问题型项目**。项目从一个问题（通常是真实世界中的问题）开始，这个问题可以是老师提供的，也可以是学生自己选择的。这种方法也被称为基于问题的学习（problem-based learning）。

- **开放型项目**。教师给学生提供项目的"持久理解"、学习目标和"基本问题"（essential question），让他们以自己喜欢的方式展示他们的学习成果，教师只提供一点点指导。

某一种类型的项目不一定比另一种更好。你可以针对特定的项目，选择最适合你的具体情境的类型。例如，也许你和你的学生更熟悉开放型 PBL，但根据你想完成的任务，使用产品型 PBL 更合适。而且，在一个 PBL 单元中，你可以使用一个以上的类型，例如，学生在解决问题的过程中（问题型）就一个话题展开辩论（产品型）。但多数情况下只有一个类型驱动整个单元。

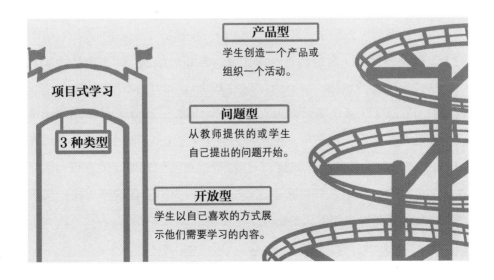

## 项目标题

如果项目标题与某个电影、乐队、电子游戏等有关联，你可以在项目材料中使用现成的图像和字体，以让学生拥有更有趣的体验。

以下是五个一般性的标题，经过修改后可能使学生更感兴趣：

- "制作电影预告片"，可以改为"下期上映"。
- "弹球项目"，可以改为"弹球精灵"。
- "太阳能汽车"，可以改为"太阳能极品飞车"（与游戏名相似）。
- "从农场到餐桌"，可以改为"舌尖上的绿色美食"（与《舌尖上的中国》相似）。
- "濒危动物"，可以改为"愤怒的动物"（与《愤怒的小鸟》相似）。

## 重要内容和支持性内容

重要内容（high impact content）是指能够支撑项目基础的几条精选的学科标准。这些标准通常要求学生对内容有更深入的理解（对应的目标是应用、理解、解释）。支持性内容（supporting content）是指更表面的学习的辅助标准（对应的目标是定义、认识、识别）。在项目式学习中，这些标准支持重要内容。为了促进跨学科学习，你可以使用多个学科领域的标准（包括重要内容和 / 或支持性内容）。学生在一个项目中可能会接触多条标准，但一个好的经验法则是在计划时考虑大约八个标准（可以基于项目的长度进行调整）。这些标准是我们在项目中进行评估及评分的依据。当我们选择和阅读这些标准时，我们应该能够想象到学生在完成项目的过程中如何试图达到这些标准。

### 为什么需要这项内容，它为谁而设？

将你的项目与学科标准建立联系，意味着你的项目就是学习，而不是在"真正的学习"结束后的有趣活动。州级考试按照学科标准评估学生，而让项目对标学科标准可以破除项目式学习无法提升学生考试成绩的误解。

重要内容和支持性内容是对教师或项目规划者而言的。当我们将课程标准提供给学生时，我们要提供的是学习目标，这是一种学生容易理解的课程标准。

## 持久理解

持久理解是指我们的学生从项目中得到的主要收获，或者换句话说，是项目之所以存在的原因。在学生有"持久理解"的同时，你要确保项目涵盖了所有的重要内容。例如，每一个重要内容可以对应一个"持久理解"，或者一两个"持久理解"涵盖所有重要内容。

此外，在设计你的"持久理解"时要考虑以下问题：

- "持久理解"是否促进了探究，而不是死记硬背？
- "持久理解"是否以学生容易接受的语言呈现？它们是否提升了学生的自主性？

### 为什么需要这项内容，它为谁而设？

如果你试图用一个项目来覆盖整个主题，你最终就只能组织浅层次的学习。如果你考虑"持久理解"，你就会问自己学生的主要收获应该是什么，或者你希望他们在毕业后能记住什么。这种方法有助于你聚焦项目规划和教学，最终让学生更深入地学习你展示给他们的项目。

你把"持久理解"用学生喜欢的语言写出来后，可以选择把它们提供给学生。不过，它们可能仍然含有学术语言，所以过早地把它们提供给学生可能会导致混乱，同时也有可能破坏学生应该从项目中得到的东西。你需要考虑什么时候是向学生传达"持久理解"最好的时机。

虽然在没有整个项目背景的情况下，很难衡量"持久理解"的有效性，但我们在这里还是提供了五个例子：

- 阅读帮助我们学习新的信息并做出决定。

- 写作可以使人给自己的经历赋予意义。

- 设计和建筑中的形状可以创造安全的、有支撑力的结构。

- 模式和关系可以用数字、图形、符号和语言来表示。

- 水被净化后是可以饮用的。

## 基本问题

基本问题将所有"持久理解"涵盖在一个问题之中，它可以说是项目的品牌。从"重要内容"和"支持性内容"到"持久理解"，最后到"基本问题"，路径十分清晰。表 1.2（见本书第 37 页）以"采取行动"项目为例说明了这一过程。在这个项目中，学生致力于寻找解决地方问题所需的行政程序，同时将自身的权利与历史上的公民权利进行比较。

由于基本问题是项目的品牌，我们可以考虑把它放在所有项目相关材料的最前面，这样学生就可以看到它与他们所学的一切有什么关系。我们自己教学的时候，会把当前单元的基本问题贴在教室的前面，让大家随时都能看到。如果我们为所有与项目有关的内容制作一张思维导图，那么基本问题就应该位于图表的中心，因为它是项目的主旨，是联系所有内容的黏合剂。

在项目进行期间以及项目结束时，我们要让学生不断在学习内容和基本问题之间建立明确的联系。例如，在完成一项与项目有关的活动后，要求他们写下他们所学到的东西以及它与基本问题的关系。随着时间的推移，在学生熟悉了基本问题的内容后，要求他们为新的项目写下基本问题。当学生向不同方向推进项目时，每人或每个小组都可以设计自己的"迷你基本问题"。我们称这些为方向性问题。

此外，在设计你的基本问题时要考虑以下三点：

- 基本问题是否能促进探究而不是死记硬背？在项目中，应该让学生感觉到他们时时在审视基本问题。
- 基本问题是否可以有多种答案，而不是只有一个固定答案？换句话说，基本问题的答案是学生用谷歌就能搜索到的吗？
- 基本问题的写法是否简明、紧凑、对话性强，几乎可以像咒语一样重复？

这里提供了五个基本问题作为参考。再次强调，如果没有整个项目的背景，就很难衡量它们的有效性：

- 你居住的地方如何影响你的生活方式？
- 宪法有多重要？
- 如果你想改变一项法律，该怎么办？
- 在逆境中，为什么有的人胜出而有的人失败？
- 模式如何帮助我成为一个更有效的问题解决者？

表 1.1 解释了我们如何从项目的"持久理解"中得出项目的"基本问题"。

表 1.1　如何从项目的"持久理解"中得出项目的"基本问题"

| 持久理解 | 基本问题 |
|---|---|
| 有证据且清晰组织的论点和反驳更有效。 | 什么是有效的论点？ |
| 我们通过阅读获取知识，做出决策。 | 我们为什么要阅读？ |
| 我们使用运算的性质进行乘法和除法运算。 | 什么性质最重要？ |
| 化石记录着生物的历史。 | 化石如何讲述自身的故事？ |
| 政府的权力、责任和局限性随时间变化，且相互影响。 | 谁有权力？ |

"持久理解"和"基本问题"超越了具体情境，因为它们关乎学习本身，而不是项目的具体内容。类似上面的表述可以帮助学生将他们的学习应用到项目以外的独特情境中，这就是所谓的学习迁移。有一类基本问题特别值得一提，它们是驱动型问题（例如，"我们如何重新设计我们的教室？"）——这类基本问题更针对当前的项目。除了这个区别之外，驱动型问题的设计和使用方式与其他基本问题基本相同。不必过分担心这两类问题的区别，它们之间的界限往往是模糊的。无论你采用哪种方式，都要确保"持久理解"超越了具体的情境。

最后，在整本书中，我们常常暗示每个项目只有一个基本问题。在理想的情况下确实如此；但在有些情况下，比如表 1.2 中，需要多个基本问题来涵盖学生的学习。

## 学习目标

学习目标是用学生易于接受的语言来表述的学科标准（包括"重要内容"和"支持性内容"）。将学科标准转换为学习目标时，需要考虑以下三点：

- 如果一个标准包含多个独立的动作（例如，我可以识别狗和猫），就把它拆成多个学习目标（例如，我可以识别狗，我可以识别猫）。

- 确保使用学生容易理解的语言表述所有的学习目标，因为你希望学生最终能够利用这些目标来进行自我评估，从而促进自己的学习。目前，大多数学科标准已经使用了学生容易理解的语言，不过还存在一些学科术语。因此，就像用简单的语言来描述"持久理解"一样，你要用简单的语言描述学习目标，以确保学生不会感到困惑或不知所措。为学生提供背景知识有助于他们理解，传达学习目标时多加注意也能帮助他们。

- 为了促进探究，你可以以问题的形式提出每个学习目标（"我可以……吗？"而不是"我可以……"）。

与课程标准不同，项目的学习目标应该对学生开放。学习目标应成为项目评估（步骤 2）和教学（步骤 3）的基础。

步骤 1 是三个步骤中最复杂的。但是，如果你花点儿时间，深入思考你的决定，其余的规划过程就会变得简单。表 1.2 说明了步骤 1 的整体情况。

### 表 1.2 项目式学习步骤 1

| 项目·年级·学科 | 采取行动 / 高中 / 社会研究 |
|---|---|
| **项目介绍** | |

学生了解美国历史上重要的领导者，研究不同的领导风格对公民参与产生的影响。学生探索自身的公民权利和行使公民权利的流程，在解决一个当地问题的过程中，比较自身的权利和历史上的公民权利。本项目涉及的案例早至公元 200 年。学生创造的产品应当与公民行使权利的流程有关。

| 重要内容和支持性内容 ① | 持久理解 | 基本问题 |
|---|---|---|
| **重要内容**<br>D2.Civ.2.9-12：分析美国政治制度中公民的角色，关注不同的民主理论、不同历史时期公民参与度的变化，以及历史和现实中其他国家的模型。<br>D2.Civ.8.9-12：评价在不同背景下提倡公民美德和民主原则的不同社会和政治制度。<br>D2.His.4.9-12：分析在不同历史时期影响人们观点的各种复杂且相互作用的因素。<br>**支持性内容**<br>D1.1.9-12：独自或与他人一起，提出重大问题（compelling questions），解释这些问题如何反映特定领域中的重要主题。<br>D1.2.9-12：解释专家们在应用相关学科概念诠释和回答重大问题时的一致和分歧之处。<br>D1.5.9-12：找出对回答重大问题及支持性问题有帮助的资源，在此过程中考虑该资源是否反映多种观点、资源的种类，以及资源的应用。 | 公民采取公民行动，推动变革。<br>公民权利取决于历史和社会背景。 | 我如何采取公民行动，推动变革？<br>今天的公民行动与历史上的公民行动有哪些异同？ |

### 学习目标

我能分析美国政治制度中公民的角色。

我能分析、比较不同背景下的社会和政治制度。

我能分析在不同历史时期影响人们观点的各种复杂且相互作用的因素。

我能提出重大问题。

我能解释关于重大问题的多种观点。

我能判断哪些资源对回答重大问题有帮助。

---

① 本部分内容出自 C3 社会研究框架（College, Career, and Civic Life Framework for Social Studies State Standards），它是全美社会研究委员会于 2013 年修订并颁布的社会研究课程国家标准。表中的序号 D1 代表 C3 社会研究框架的"维度 1：发展问题和规划探究"，D2 代表 C3 社会研究框架的"维度 2：应用学科概念和工具"，Civ 代表"公民"，His 代表"历史"。——译者注

## 第 2 步：设计评估

虽然我们将在第二章详细讨论评估和评分，但在这里我们仍然要描述一种评估工具，即进度评估工具（progress assessment tool），这也是我们简化版的量规。我们要说明评估（步骤 2）与预期结果（步骤 1）之间的相关性。

大多数项目的量规中都充满了 4 分、3 分、2 分和 1 分，这些数字及对应的描述很容易让我们头晕。如果量规会给我们造成这样的影响，那么可以想象它们对学生会产生什么样的负面影响！归根结底，我们想要的不是一个复杂的工具，好把责任推卸给学生；我们需要的是简单的工具，以帮助学生通过自评和互评来促进自己的学习。

我们设计的进度评估工具是一个三栏式的评分表（见表 1.3），在项目开始时我们就把它提供给学生使用。

### 表 1.3　进度评估工具

| 学习目标 | 成功标准 | 反馈 |
| --- | --- | --- |
| 我能分析美国政治制度中公民的角色。 | 解释或讲解反映了自身对公民权利的细致研究和深入理解。 | |
| 我能分析、比较不同背景下的社会和政治制度。 | 比较了不同政治制度和不同历史时期下的公民权利状况。<br>对不同政治制度的有效性，给出了个人见解。 | |
| 我能分析在不同历史时期影响人们观点的各种复杂且相互作用的因素。 | 指出了不同历史时期的多个影响因素。<br>分析并解释了这些因素对人们观点的影响。 | |
| 我能提出重大问题。 | 项目提出了一个相关的问题。<br>学生可以以某种方式分析或回答这个问题。 | |
| 我能解释关于重大问题的多种观点。 | 提出并解释了多种信息来源的不同观点。 | |

| 学习目标 | 成功标准 | 反馈 |
|---|---|---|
| 我能判断哪些资源对回答重大问题有帮助。 | 引用了一手资料和二手资料。<br>如果可行，从数据库、官方网站、出版物等多个来源收集信息。 | |

以下是对这三栏的具体说明。

**左栏：项目的"学习目标"。** 你要根据你希望学生学到的东西来评估他们。不要评估他们是否遵守了项目指南，这样做只能鼓励循规蹈矩。换句话说，如果你的评估工具看起来像是以另一种格式转述的项目指南，你就需要重写。

**中间一栏：每个学习目标的"成功标准"。** 如果你想让学生灵活决定如何展示他们的学习成果，那么成功标准就应该与他们使用的媒介无关。你应避免提及具体的产品、技术或任务。你可以通过这个问题检验标准是否适当："如果其他教室的老师以不同的方式教授相同的学习目标，他们是否能够使用相同的成功标准？"一种选择是让学生和教师一起建立成功标准，而不是简单地由教师提供。如果有条件，我们可以通过分析案例来完成这个任务（例如，学生分析各种叙事文章的简介，以确定其品质特征）。

以下是五个学习目标以及它们的成功标准：

- **学习目标 1：** 我可以在文本的不同地方识别出叙述者是谁。

  **成功标准 1：** 说明谁在讲故事，并指出叙述者发生改变的时刻。

- **学习目标 2：** 我可以比较两个分子和分母都不同的分数。

  **成功标准 2：** 比较两个不一样的分数，说明哪个更大或更小，或者相等。

- **学习目标 3**：我可以运用有关基本电路的知识来设计和搭建简单的直流电路。

  **成功标准 3**：设计和搭建一个封闭的电路。在保持闭合电路的前提下，可以增加或减少元素。

- **学习目标 4**：我可以用精确和基于知识的主张来构建论点。

  **成功标准 4**：使用来源信息构建一个清晰的论点。使用特定领域的词汇来表述该论点。

- **学习目标 5**：我可以通过数据分析来确定是否发生了化学反应。

  **成功标准 5**：基于数据分析提出特定的模式，使用数据对科学现象做出判断。

对于基于标准的评分，把中间那一栏看作是 4 分中的 3 分或良好。为简单起见，省略所有其他分数 / 数字。如果要使用百分制或等级制评价，就把中间那一栏看成是 A。不过，我们还是要提醒你避免根据进度评估工具直接评分。第二章详细介绍了这个过程。

**右栏：与每个目标相关的"反馈"**。在理想情况下，这种反馈大部分是自我评估和同伴评估。当然，教师也会提供帮助。

如果可能的话，我们强烈建议创建和分发电子版的进度评估工具，可以通过谷歌文档或谷歌教室①进行。你可以把进度评估工具放在服务器上或云端，每个人都能随时使用。我们在电子表格中打字时，单元格可以扩展。

进行个人项目时，每个学生都会收到一份进度评估工具。进行小组项目时，你需要考虑到底是使用小组评估还是个人评估，或者两者相结合。

---

① 谷歌教室（google classroom）：一款谷歌公司开发的课堂管理软件，可以创建、管理课程，提供反馈，与学生交流等。——译者注

在组织有些小组项目时，你需要将两者结合起来。每个小组都要有一份进度评估工具，每个人也要有一份。小组的工具对小组的学习目标给予反馈，个人的工具对个人的学习目标给予反馈。同时，如果你能单独评估学生的所有目标，就给每个学生一份自己的进度评估工具。如果对每个目标进行小组评估，则给每组一份进度评估工具。另外，虽然我们不主张给项目本身评分，但如果有必要评分，应尽量避免给整个小组评分。在这种情况下，不要使用小组进度评估工具。

在本书中，我们解释了在课堂上使用进度评估工具的方法。你可以调整这些方法，使它适用于更传统的评分标准或评估工具。

## 第 3 步：设计教与学

第四章讨论了 PBL 实施过程中的直接教学，我们需要依据项目的学习目标来规划直接教学。此处，我们只讨论"反思"和"信息发布"，这也是第 3 步的一部分。需要指出的是，"反思"和"信息发布"可以同时进行，因为学生在通过网站、博客等方式发表信息的过程中，也可以进行反思。

### 反思

我们见过一些教师随意地将反思放在项目的末尾，因为他们被告知反思是项目式学习的一个必要组成部分，因此就非得进行不可。是的，我们也曾犯过这样的错误。反思之所以和项目脱节，是因为我们没有意识到反思可以帮助学生展示高阶思维。同时，学生也可以分享他们的学习成果——如果我们能在课堂结束前拿出 5 分钟让学生分享学习进展的话。反思可以在任何地方、任何时候进行，它可以帮助我们修改和完善我们的工作。

我们在思考为什么要让学生在项目式学习中进行反思时，一般会提出两类理由。第一类是非评价性的，反思与具体的学习目标没有联系，你只是试图让学生审视及思考自己的工作。在这种情况下，如果有必要，你可以给学生一些提示，并考虑逐渐减少提示，以促进学生独立思考。这里有一些提示的例子：

- 你对这个主题还有什么问题？

- 你的工作有什么优势？

- 最让你感到自豪的地方是什么？

- 你可以如何改进你的工作？

- 下次你会采取哪些不同的做法？

- 在_____（本课题）和你以前的经验之间，你能建立什么联系？

- 这种新的学习如何改变你的思维？

第二类反思比较有评价性，因为它与具体的学习目标相关，有可能属于步骤 2 而不是步骤 3。在这里，你若想确定学生是否掌握了应学的内容，可以使用提示语来引导学生给出信息。这些反思可以用于评估目的，并可能用于评分。下面是三个例子。

**例 1**. 学生正在设计太阳能汽车。你想确保学生理解他们的汽车是如何利用太阳能行驶的。你可以提出这样的问题："使用学术词汇解释你的汽车将太阳能转化为动能所需经历的所有步骤。如果你的车坏了，请说明故障发生的时间和原因，以及你打算如何修理它。"

**例 2**. 学生的任务是做商业计划。他们将向当地的企业家讲解商业计划并获得反馈。你要确保学生明白如何进行高质量的演讲。在每个学生进行完第一次试讲之后，你可以提出以下问题："请对你演讲的每一个部分进行反思，再次演讲时，你会结合你获得的反馈意见，做出哪些改变？"

**例 3.** 学生的任务是找到并解决一个全校性的问题。你想确保学生理解同理心的意义，确保他们知道在处理问题时必须考虑所有利益相关者。在项目进行到一半时，你可以提出以下问题："向每一个利益相关者解释你如何处理他们的愿望、需求和观点。"

无论是哪种类型，都要求学生以多种方式进行反思，如写作、写博客、制作视频或讨论等。在反思的过程中及反思之后，你需要给学生时间让他们改进工作。

## 信息发布

与反思一样，信息发布并不只是在项目结束时才能进行。我们应使学生在这一过程中尽可能地模仿我们成年人做事的方式。正如我们在《破解项目式学习：在课堂上实施 PBL 和探究的 10 个简单步骤》一书中所说的那样：

> 在任何特定的项目中，学生都可以写博客文章，制作网站，制作视频，使用社交媒体……学生可以在整个项目持续期间一直公开自己的工作，从而获得观众的反馈，促进自身的工作，进行自我激励，或者分步骤发布工作（例如创建多个视频）。当然，学生也可以在整个 PBL 单元期间努力完成他们的项目，在一切完成后再发布。

以下是在项目式学习中发布信息的三种方式，这三种方式并不互斥，可以同时使用。

**例 1.** 用信息发布来记录过程。让学生连续拍摄他们正在进行的工作，每周五要求他们发布一个更完善的记录他们工作过程的视频（这种做法有助于他们获得反馈和进行自我反思）。

例 2. 将信息发布作为项目的最终产品。如果学生要提高对一种濒危动物（比如秃鹰）的认识，请他们在项目即将结束时发表一首原创歌曲，然后通过社交媒体进行宣传，以提高人们的认识。

例 3. 利用信息发布来分享。如果学生在学校的户外教室种植蔬菜，探索从农场到餐桌的理念，你可以请他们制作演示文稿，在社区展览等活动中与其他学生、家长和外部专家分享他们学到的东西。

要认真选择发布平台。当学生可以任意选择以某种方式（例如不同的软件或图表等）来展示他们学到的东西时，教师很容易认为这就是"差异化"或"学生自主选择"了。但是，学生自主选择并不仅仅意味着学生可以选择把自己的工作复制、粘贴到哪个软件中。另一种方法是让学生在项目进行的过程中决定他们的发布平台，并可以在过程中灵活调整。学生可能会因为某个软件很酷或手头刚好有某个软件而选用该软件，所以教师可以要求学生根据他们要做的任务来选择发布平台。例如，如果学生希望影响社区，社交媒体是一个可行的选择。如果学生想影响校内其他学生，他们可以利用学校的晨间公告或在校内张贴海报。学生为实现自己的学习目标而选择自己的道路，才是真正进行差异化学习。虽然不同的信息技术可以成为这个过程的一部分，但它们本身并不是差异化。

> 学生自主选择并不仅仅意味着学生可以选择把自己的工作复制、粘贴到哪个软件中。

## 修改叙述

现在，让我们来看修订版的项目叙述，这是来自一位精通项目式学习的教师的观点。这三个段落与逆向设计的三个步骤相符。（第六章中有对下面第二段中提到的材料的深入分析。）

　　我知道在两周之后我必须教动物的适应性。因为这个主题涉及的内容非常多，而且我希望我的学生能在更深的层次上学习，所以我将从两个与课程标准相关的"持久理解"开始备课，这两个"持久理解"是项目的重点。这两个"持久理解"是：（1）所有动物都有一些基本需求，这些需求必须得到满足；（2）所有动物都必须适应周围的环境。考虑到这两个"持久理解"，我将以问题贯穿该项目。学生以小组为单位收养一种濒危动物，并采取行动帮助它生存。基本问题是："我们如何帮助动物？"因为这个项目不仅仅是关于动物如何利用适应性来帮助自己，也包括我们作为一个班级如何帮助它们，所以为了提升这个项目和我们的相关性，我们将这个项目命名为"愤怒的动物"（与《愤怒的小鸟》相似）。最后，除了与动物适应性有关的重要内容外，我还将筛选出与环境和读写能力有关的支持性内容，因为学生将通过写博客定期反思他们的工作。

　　我向学生介绍这个项目时，首先让他们观看一个关于濒危动物的新闻短片。然后，我会分发资料，并与学生一起浏览以下内容：（1）项目指南（单页纸）；（2）互动指南，每个小组将在其中记录他们帮助动物的过程；（3）每个小组和每个学生的进度评估工具；（4）一个文件夹，供学生存放所有与项目相关的材料。所有与项目相关的材料都将在项目的网站上公布。进度评估工具将包含关于动物适应性的项目学习目标，以及与环境和读写能力有关的学习目标。每个学习目标都会有几个要点，说明学生需要做什么才能得到3分。总共有8个学习目标。在学生做项目时，我将不断确保他们在互动指南的帮助下遵循指导。同时，我也会建立相应的结构，使他们能够始终收到与进度评估工具上的学习目标有关的反馈。这种反馈可以是教师对学生、学生对学生，或者学生对自己。最后，因为部分项目评估是针对学生小组这个团体的，而我想确保每个人都能了解必要的信息，因此，在项目结束时，会有一个总结性的测试，问题与项目的学习目标（而不是项目本身）有关。这个测试不会让人感到意外，我会在项目说明的底部提到它。通过这个测试、持续进行的反馈和每个人的博客文章，我能了解到每个学生都学到了什么。

在学生收到与项目相关的材料并组成小组之后，在他们进入实际项目之前，我们将用几节课的时间来帮助学生建立对动物适应性这一主题的背景知识。在建立了背景知识后，学生将花费大量时间，以小组为单位，借助互动指南来推进项目。然而，大约每两天一次，我会要求他们停止工作，以便他们能参与关于动物适应性的课程。我的科学课本上有十个关于这个主题的活动，根据我对学生的了解，我计划使用其中的五个。我不会让学生真正使用他们的教科书，而是会将这五节课提取出来，整合成为项目的一部分。除了这五项活动外，我还将利用科学杂志和 YouTube[①] 进行另外三项活动，而且我还将根据学生的需要灵活地筛选出额外的课程。其中一些课程可能与动物的适应性有关，一些课程可能与项目涉及的任务有关。例如，如何创建和出版电子书以提升人们对某种濒危动物的认识。

规划项目式学习比规划一个项目更复杂。但是一旦你开始过渡到项目式学习，你就不会再走回头路。在本章的结尾部分，我们将用克服 PBL 障碍图（见下页）提供三个有用的小技巧。

---

① 美国的一个视频网站。——译者注

# 克服 PBL 障碍图

## 三个从项目转变为项目式学习的小技巧

从一无所有开始设计项目式学习令人生畏。因此，首先列出每个项目共同的组成成分：

- 标题
- 重要内容和支持性内容
- 持久理解
- 基本问题
- 学习目标
- 进度评估工具等

一旦将这些部分确定下来，设计其他部分就容易多了。

每个项目都需要给每个学生提供以下资源：

- 一页的项目指南（单面）
- 互动指南
- 进度评估工具
- 项目文件夹
- 数字中心（网站或学习管理系统），其中包括所有项目资源

这些共同内容为教师、学生及其家庭提供了一种规范，有助于减少混乱。我们将在第六章深入讨论这些共同内容。

以你最近一次，也应该是最好的一个项目为基础来开展项目式学习。作为教师，你在设计每一次项目式学习之前，都要参考上一个项目，然后基于上一个项目的结构来进行改进，有时还要征求学生的反馈意见。我们从来不是从一张白纸开始，我们总是在持续进步。

## 最后的思考

最后，我们要提醒你不要一个人过度规划。我们最近与教学教练、作家伊丽莎白·博思特威克（Elisabeth Bostwick）做了一期播客节目。在节目中，她谈到存在这样的现象：教师围坐在一张巨大的桌子旁，"完美地规划"他们的 PBL 单元，把它交给学生，然后希望得到最好的结果——这种做法在现实中确实存在。毫不意外，我们早期做项目式学习时差不多就是这样。问题是，我们在采取这种规划方式时忽略了我们最有价值的利益相关者——我们的学生。无论是在学习中还是在规划过程中，你都要毫不犹豫地给你的学生发言权。如果你正在向项目式学习过渡，要向学生（可能还有学生的家长）说明你的教学将发生怎样的改变，以及为什么要有这样的改变，同时不断征求他们的反馈意见。这样一来，所有人共同朝着项目式学习方向迈进，学生不再是项目式学习的旁观者，而是参与者。

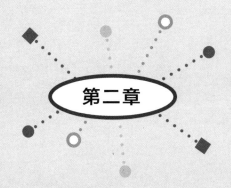

# 真实的问题：
# 我怎样给学生评分？

去掉外在的标签，鼓励学生把自己视为纯粹的学习者。

——斯塔尔·萨克斯坦（Starr Sackstein），

教育博主和《破解评估》（*Hacking Assessment*）作者

我们最常听到的问题是"我怎样给学生评分？"教师提出这样的问题是可以理解的。如果学生要参加一个为期一个月的项目，我们就必须在成绩册上展示点什么，对吗？

罗斯：我在美国宾夕法尼亚州麦坎吉市南麦坎吉中学实习的时候，学校给了我一本里克·沃姆利（Rick Wormeli）的《公平不等于平等》（*Fair Isn't Always Equal*）。这本书在我的书架上闲置了一年，积满了灰尘。直到我离开实习的地方，成为一名助理校长，我才决定读这本书。作者的观点和理念与我自己的观点和理念差异很大，令我十分震惊。而且我很快发现，我的做法与其他几本关于评估和评分的书中的研究也存在明显的差异。实际上我犯了这些书中所提到的许多经典错误：取各项分数的平均值，给小组作业打分，以及在学生交作业时设定严格的截止日期。

问题到底出在哪里？

我读这本书太晚了。错过这本书的并不只有我一个人，大多数教育工作者从未进行过关于评估和评分的正式专业学习。然而，我们必须继续学习，超越我们自己的课堂经验，否则就会对我们的学生造成伤害。因为我们可能会用我们做学生时老师给我们打分的方式给我们的学生打分，而这种方式当然可能问题多多。这么做还意味着，学校里的其他人犯什么错误，我们也会犯同样的错误。

我们需要重新检视我们的评分习惯，牢记评估（assessment）和评分（grading）之间的区别。了解这种区别是改进的第一步。我们需要确保在与教师、学生和家长交谈时，不要互换使用这两个词。

简而言之，评估的目标是改善学生的学习（如同"反馈"），而评分（或成绩）一般是用来评价学生当前的表现水平。从学生的角度来看，评估是在说"我想帮助你"，而评分是在说"我想评判你"。如果我们觉得自己在经受他人的评判，就无法全力以赴。

## 真实的回答：确定是否应该给项目打分

应该给项目打分吗？大多数时候，我们对这个问题的回答是"不！"。

项目式学习要求学生有批判性思维和创造力，大多数教学方法也是如此。研究告诉我们，用"胡萝卜加大棒"的方法来教授批判性思维和创造力，不仅没有效果，而且有害。丹尼尔·平克（Daniel Pink）在他2009年出版的《驱动力》（*Drive*）一书中呼吁我们注意这个问题。这本

> 评估是在说"我想帮助你"，而评分是在说"我想评判你"。

书也在很大程度上促使很多教师在课堂上采用"天才时间"（也被称为"20% 时间"和"激情项目"）的方法。在《驱动力》出版的同一年，丹尼尔·平克根据《激励之谜》（*The Puzzle of Motivation*, 2009）一书做了一个 TED 演讲。这个演讲的关键部分从 1 分 30 秒开始：

> "如果你如何如何，我就如何如何"这种奖励方式对于一类任务非常有用，那就是有一套简单的规则和一个明确目标的任务。奖励，究其本质而言，能让我们集中注意力，聚焦于一点，因此在许多情况下很有用……但是在面对真正的蜡烛问题（需要创造力解决的问题）时，你不能像这样视野狭窄。解决方案并不是一目了然的，你需要环顾四周。在这种情况下，奖励实际上缩小了我们的注意范围，限制了我们的可能性。

丹尼尔·平克还明确表示，这个实验并不是特例："这个实验的有趣之处在于，它不是特殊现象。近四十年来，这一实验已经被反复复制。"

阿尔菲·科恩（Alfie Kohn）曾多次写到评分的有害性。他在具有创见的《反对分数的理由》[出自《教育领导力》（*Educational Leadership*, 2011）]一文中，给出了三个基于实证的结论：分数会导致

学生的兴趣降低，分数会让学生对最简单的任务产生偏好，分数会降低学生的思维质量。随后，阿尔菲·科恩声称："如果培养（学生的）学习动力是我们的首要目标，那么评分就存在根本性的问题。"

回顾我们自身的课堂教学，我们可以发现，从丹尼尔·平克的观点到我们把分数作为胡萝卜加大棒式的工具，真是一脉相承。我们越是让学生参与项目式学习，就越能意识到对项目进行评分不仅没有必要，甚至还可能造成危害。而且，正如阿尔菲·科恩告诉我们的那样："有时候，只有在评分完成后，我们才意识到它的危害有多大。"

## 给予反馈而不打分

如果不打分，还能怎么办呢？简短的答案是给予反馈而不打分。身为教师，我们经常要花费整个周末的时间判学生的作业，到了周日晚上，我们才写完评语，评定完作业成绩。然而，我们却不知道，花费这些时间并不真正值得。

你发还作业后，学生首先会看自己得了几分，然后再看同学得了几分，却对你写的评语视而不见。如果你真的想让学生有所改变，想让他们从当前的位置去往他们应该在的位置，应该给予学生没有成绩的反馈。

学习反馈需要告诉学生三件事：

- **学生当前所处的位置**，即学生目前的能力。
- **学生应该在的位置**，即学生目前的能力与成功标准和学习目标之间的差距。
- **如何达到目标**，即学生需要做什么，才能达到成功标准，实现学习目标。

此外，关于反馈，还有三个常见的错误。

**学生必须有机会对反馈做出反应（可操作）**，否则你给予的就不能被称为反馈。换句话说，我们不应该在告诉学生如何改进第三章的学习后，马上开始学习第四章的内容，而不允许他们重新回顾第三章。这就相当于我们的顶头上司告诉我们如何改进工作，却不给我们改进的机会。

**反馈必须直接、明确，且与学生试图实现的目标有关（目标导向）**，否则就不是反馈。这些目标（通常是指我们之前提到的成功标准和学习目标）为"我们需要去哪里"指明了方向。如果没有这些目的地，没有如何到达目的地的明确策略，学生很可能会迷失方向，而我们也浪费了时间。

**帮助学生确定"如何到达那里"不等于让学生遵循具体步骤和指示。**如果学生想要消灭学校花园里的一种真菌，我们不能递给他们一种杀真菌剂，然后告诉他们每天使用两次。正确的做法是问他们是否研究过治疗真菌的常见方法，并帮助他们从中做出选择。


## 支持学生的自我评估

当学生感到安全、获得足够的支持时，反馈的方向是自由的，通常有三种形式：教师对学生、学生对学生以及学生对自己。这三种形式往往都会出现，但你在设计评估时，应当以学生的自我评估为终极目标，这样学生才会最大程度上成为学习的主人。

正如约翰·哈蒂（John Hattie）在《可见的学习：最大限度地促进学习》（教师版）（*Visible Learning for Teachers: Maximizing Impact on Learning*, 2012）中告诉我们的那样：

> 当教师成为自己的学生、学生成为自己的老师时，学生的

学习才会产生最大的效果。当学生成为他们自己的老师时，作为学习者，他们会展现出最理想的自我调节属性，并进行自我监控、自我评价、自我评估、自我教学。

根据我们的经验，要使学生的自我评估成为常态，同时还要确保反馈与学生需要学习的内容相联系，我们需要四个要素，其中前三个与之前讨论的进度评估工具的三个栏目相关。

- **学习目标（左栏）**：对学生友好的课程标准。

- **成功标准（中栏）**：学生实现目标时的状态。

- **反馈（右栏）**：对于学生在达到成功标准、实现学习目标这一过程中所处位置的反馈。某些时候，学生需要了解什么是反馈（以及什么不是），上一节的信息可以帮助他们。此外，你还可以让学生阅读亚马逊网站上的评论、博客回帖、对已有作品的反馈，分析哪些是有效反馈，哪些不是，以加深他们对反馈的理解。第五章中的克服 PBL 障碍图（见第 123 页）详细介绍了让学生发现有效合作的特点的六个步骤。你可以使用相似的方法与学生一起定义反馈。一旦学生对反馈有了充分的了解，你就可以和他们一起把它应用到他们正在进行的工作中。本章的克服 PBL 障碍图（见第 60 页）包含了两种我们为学生建立反馈模型的方式。

- **评估形式（没有包括在进度评估工具中）**。我们还需要留出课堂时间，让学生使用不同的评估形式进行自我评估。这段时间是专门留给学生练习和应用自我评估的，不需要同时推进工作。以下是五种不同的形式，其中有些评估形式使用进度评估工具较多，有些较少。

　　**目标设定 #1**。在一个项目中，要求每个学生选择一到两个突出的需要改进的地方作为学习目标，并对每个目标进行自我反馈，同时参考进度评估工具中有关这个目标的相关标准。然后，根据反馈和成功标准为每个目标制订一个改进计划。可以在进度评估工具中每个目标的反馈栏右边插入一个目标设定栏，或者使用一个单独的表格。可以选择之后重新审视并改进计划，以衡量成功的程度。

**目标设定 #2**。教师在提供了相当多的反馈后，要给学生一些时间，让他们分析进度评估工具上的所有反馈。教师可以要求每个学生把反馈分成三类：已经满足的反馈；待满足的反馈，且学生已经知道该怎么做（行动步骤记录在反馈右面的目标设定栏或单独的表格中）；待满足的反馈，且学生不知道该怎么做（也包括他人的问题）。之后，给学生时间开始执行他们的行动步骤，同时教师在教室里巡视，解决那些只需要简单回答的问题。

**差异化课程**。学生上课时，无论内容与项目式学习有关还是无关，教师在让他们分组工作之前，应再次提醒他们学习内容、学习目标和成功标准。教师应给他们时间，让他们确定是否能达到目标。教师可以根据内容使用不同的形式进行这项任务：口头回答、默默反思、在网络论坛上发言，或者记在白板、笔记本或工作表上。结束这项检查工作之后，询问学生是否需要额外的帮助。教师可以根据他们的回答进行差异化的分组。

**基本问题日记**。学生可以用某种固定的形式创建日记，纸质或电子版都可以。在整个项目推进的过程中，学生可以对项目的基本问题做出书面回应。随着项目的推进，这些回答应当越来越有见地。教师可以指定学生回应的时间（例如每周五），或允许学生在他们认为合适的时间回应。学生也可以用他们的日记来创建思维导图，组织项目有关的学习内容。思维导图的中心是基本问题，也是项目的主要思想。教师还可以让学生用图画和视频进行记录，学生可以用这些方式将他们的学习与基本问题联系起来，同时对他们自己的进展进行自我评估。

**反思**。我们也可以通过给学生提示，让他们养成自我评估和反思的习惯。这些提示不一定要与学习目标相关。你可以使用第一章的七个提示中的任何一个。对于那些不习惯谈论自己工作的学生来说，使用这种方法不会令他们感受到威胁。同时，设置的反思问题应与具体学习目标联系更紧密，且应以评价为目的。

使用这些评估形式时，如果学生独立工作有困难，教师或同伴可提供帮助。


## 支持同伴评估

即便你希望学生培养自我评估的能力，你仍然需要为同伴评估留出时间。因为对学生来说，听到对他们工作的多种观点是非常宝贵的。当我们沉浸在他人的工作中并给予反馈时，我们自己的工作也往往会得到提升。

# 克服 PBL 障碍图
## 两种为学生示范反馈的方式

## 逐步释放责任

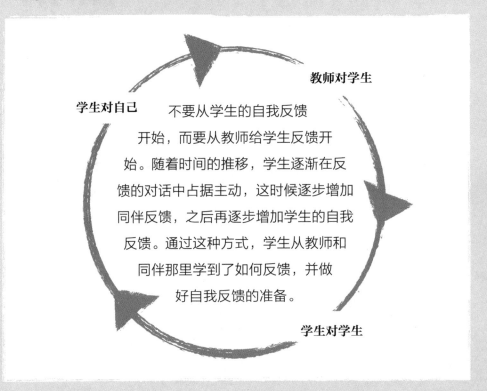

教师对学生

学生对自己

不要从学生的自我反馈开始，而要从教师给学生反馈开始。随着时间的推移，学生逐渐在反馈的对话中占据主动，这时候逐步增加同伴反馈，之后再逐步增加学生的自我反馈。通过这种方式，学生从教师和同伴那里学到了如何反馈，并做好自我反馈的准备。

学生对学生

## 明确示范

这项活动是在班级或小组中进行的。教师和学生一起评价某个作品：

- 选择一个学生的真实作品或教师生成的作品。如果合适的话，可以用有典型错误或常见错误的案例。

- 结合学习目标来评价这一作品。

- 结合每个学习目标，讨论该如何给予反馈。

- 如果这个作品包含很多学习目标，可以每次只专注评价少数几个目标。

在《课堂上的同伴反馈》（*Peer Feedback in the Classroom*，2017）一书中，斯塔尔·萨克斯坦解释了同伴评估如何使学生成为专家：

> 每个学生都有潜力成为专家……赋予学生责任，让他们相互分享他们的专业知识。通过这种方式，我们可以使他们参与最高水平的学习：让他们教……教师不再是教室里唯一的专家。

在任何情况下，无论我们是要求学生使用自我评估还是同伴评估，无论评估采取什么样的形式，都要基于学生的能力和需求。学生熟悉了我们的评估形式后，可以选择其中的一个，或者使用自己的评估形式。

这里有五种同伴评估形式。

**同伴会谈**。学生会谈，并互相提供与项目学习目标有关的反馈。学生可以进行口头反馈，也可以把反馈写在进度评估工具中每个目标的反馈栏中。（在下一章中，我们将详细讨论会谈的明确步骤。）在整个项目过程中，教师要定期安排同伴会谈，如每周一次，每次 20 分钟。教师要在两种做法之间取得平衡：组成相同的小组，使反馈具有连续性；以及让学生与新伙伴见面，获得新观点。进行小组项目时，我们既需要小组成员之间进行会谈，也需要各小组的成员之间进行会谈。

**画廊漫步**。学生展示自己的项目，每个人都默默地查看彼此的作品，并给予反馈，通常是将反馈写在项目旁边的反馈表上。如果你希望反馈更有针对性，老师或学生可以要求其他人写与具体学习目标相关的反馈。如果正在进行的项目需要解说，你可以让学生在旁边留下书面解释（个人项目），或者让一个小组成员站在一旁解说（小组项目）。之后，给学生时间来处理他们获得的反馈，并计划下一步的行动。

**鱼缸方法**。如果你有善于提出问题、反思和提供反馈的学生，请他们为全班做示范。在圆形鱼缸内侧的学生示范他的做法，而在外侧的其他学生则倾听并记录。在某些时候，可以互换角色，让更多的学生有机会进入鱼缸。之后，全班讨论哪些做法有效。开展项目式学习时，我们可以选择：来自不同小组的学生在鱼缸中相互反馈，或者整个小组在鱼缸中公开讨论他们的项目。更多有关同伴评估的鱼缸方法的例子，请参阅《创业教师手册》（*The Startup Teacher Playbook*, 2021），作者是米歇尔·布兰切特（Michelle Blanchet）和达西·巴克加德（Darcy Bakkegard）。

**智囊团**。在《创意公司》（*Creativity, Inc.*, 2014）一书中，埃德·卡特穆尔（Ed Catmull）向我们讲述了关于皮克斯的头脑风暴会议的内容。他将它描述为"皮克斯（Pixar）版本的同行评审，是一个确保我们提高游戏水平的沟通平台——并非通过详细规定，而是通过提供坦率和深入的分析"。皮克斯在电影制作过程中使用智囊团进行同行反馈，我们也可以在课堂上使用智囊团进行项目反馈。个人或小组向班级其他同学介绍正在进行的项目，而班级同学则给予口头反馈。如果展示者诚实地说明有效和无效的做法，如果反馈坦率且对事不对人，如果展示者对反馈持开放包容的态度，那么这些会议将会十分有效。realpbl.com/resources 提供了《创意公司》的节选"在皮克斯智囊团的内部"。

**接受反馈**。在《谢谢你的反馈》（*Thanks for the Feedback*, 2014）一书中，道格拉斯·斯通（Douglas Stone）和希拉·希恩（Sheila Heen）解释了为什么接受反馈胜过给予反馈。"如果接受者不愿意或不能够接受反馈，那么无论是坚持不懈的反馈，还是巧妙的反馈，都是无效的。"因此，我们不仅需要帮助学生接受反馈，我们自己也需要学习接受反馈。要做到这一点，学生首先要学会在接受反馈时对自己的想法和行为有所觉察。试着与学生讨论，或者进行角色扮演，重现他们最可能接受或拒绝反馈时的情境。

如果你想了解更多同伴评估策略，可以参考第四章中的思考程序部分和第五章中的合作部分。

在整个项目过程中，要定期安排时间进行自我评估和同伴评估。这些不仅有助于建立一种反馈文化，而且有助于通过相互依赖促进真正的合作。大家相互依赖，改进工作，并作为学习者向前迈进。

## 使用正式评估

有时仅靠反馈是不够的，你需要多做一点儿才能确定每个人到底获得了什么。这时你可以采取更正式的评估形式，如小测验或测试，以评估学生达到项目学习目标的能力。理想的情况是采用过程性评估（不打分），用评估的数据来驱动教学。然而，我们深知，有时确实需要打分。

以下是有必要进行正式评估的四种情况。

**你的进度评估工具有问题**。在某些情况下，你刚刚开始一个项目，就意识到你的进度评估工具有问题，需要进行大幅度的修改。也会有这样的情况：项目已经接近尾声，而你没有足够的信息来自信地得出哪个学生学会了什么的结论。根据我们的经验，当我们是 PBL 菜鸟，仍在学习如何有效地实现它时，或者当我们第一次推出一个项目，无法预见我们将遇到的所有问题时，上述两种情况更容易出现。因此，如果你发现自己不知道学生是否学到了他们应该学到的东西，就大胆地使用一两次正式评估。

**小组工作**。虽然大多数项目是以小组形式完成的，但里克·沃姆利在《公平不等于平等》中告诉我们："小组成绩并不反映单个学生的成绩或成长，因此我们不能用它来记录进展、提供反馈，或根据它制订有关单个学生的教学决策。"而且小组成绩并没有考虑到这样一个事实，即任何特定小组中的每个学生都会以不同的速度发展。换句话说，没有两个学生是相同的。如果我们让一个学生的知识（或知识漏洞）被他人的表现所掩盖，这就是我们教师的失职。我们相信我们中的大多数人都能回忆起至少一次自己在小组工作中的悲惨经历。

教师常用的策略是将一个项目划分成不同的部分，小组中的每个学生负责小组工作的特定部分，也因此获得相应的评分。虽然这种方法可以帮助理顺"谁做了什么"，但要使这种方法足够合理，我们还需要确保学生确实参与了合作，也确实参与了项目的重要工作，而不是在小组中划水。另外一个有效的方法是在项目的整个过程中，给予小组和个人持续的反馈（包括教师反馈、同伴反馈和自我反馈），然后在项目结束时，对每个学生进行正式评估。我们也可以在整个过程中的几个特定节点对每个学生进行正式评估，例如一个项目的关键转折点。

**你积极创新**。*罗斯：* 在我进入课堂的前几年，我不断挑战自己，让学生接触到对我来说很新鲜的教学和学习经验，从而使自己进步。虽然我们大多数人都认为我们应该永远向前迈进，但学生和家长并不总是认为最新最好的东西就能满足他们的需求。正如我的一位导师提醒我的那样，"学生并不关心你的教学方法新不新，只关心它有没有用"。虽然完全基于项目的评估可能会让老师感到与时俱进，但我们也可以加入更传统的技术（如纸笔测验）。这样可以在学生不熟悉项目式学习时，让他们感觉更舒服。此外，我们还发现，使用更传统的评估方式有助于缓解家长的担忧，让那些可能对项目式学习持保留态度的人内心较为平静。

**你给了学生太多的帮助**。最终，你想知道学生独立工作的能力，他们的成绩应该反映个人的成就。小组工作会掩盖学生的能力。而且，如果教师、父母或兄弟姐妹给予了太多帮助，也会掩盖学生个人能力方面的问题。因此，如果你发现自己在学生的项目中给予了太多帮助，那就有必要进行一次正式评估，以确定他们自己能做到什么。

# 设计正式评估

以下是设计项目式学习评估时需要考虑的十个问题。

**关于具体问题：**

1. 对每个学习目标的评估深度是否与教学的深度相同？换句话说，你的问题是否与教学一致？"知识深度理论"可以提供帮助。

2. 设计评估高阶思维的问题时，你是否考虑过用量规来评分，而不是仅仅标记正确或错误？

3. 学生有没有可能在没有真正理解学习内容的情况下把题做对或得高分，或真正理解了却得分不高？换言之，你设计的问题能否提供有效的评估数据？

**关于评估：**

1. 问题是否与项目的学习目标有关，同时省略项目中不太强调，且可能被非正式评估的内容？

2. 对于每个学习目标，评估是否给了学生足够的机会来证明掌握程度，同时又不要求学生提供过多的记忆性信息？

3. 你能否根据学生的回答，确定每个被评估的学习目标的成就水平，并进行相应的区分？

4. 你是否尽最大努力报告了学生在每个学习目标上的成就（例如基于标准的评分），而不是将所有的成就合并为一个分数（例如百分制评分）？

**关于评估的情境：**

1. 你是否在整个项目中进行过程性评估（然后进行相应的区分），

而不是等到最后才正式检查学生的理解程度？

2. 如果你进行了过程性评估，你是否使用评估数据来驱动教学，而不发布成绩？如果这是总结性评估，你是否在发布成绩的同时，还允许学生重新学习他们觉得有困难的内容并重新获得评分？

3. 学生是在项目一开始就知道什么时候进行正式评估吗？你应当将这些信息纳入项目指南中。例如，在我们的一些项目指南的末尾，会有这样的句子："在项目结束时，会有一个总结性测试。"我们还可以在项目的某些关键节点插入评估。正式评估可以反驳那些声称"如果不打分，我的学生就不想做这个项目"的人的言论。

在正式评估中，我们通常更倾向于采用开放式的问题。因为学生通常已经非常专注于他们的 PBL 工作，如果我们采用表现性任务（指较短的、结构化的项目，往往只涉及少数学术标准）来进行评估，会分散他们的注意力，占用太多的时间（除非表现性任务是项目的自然延伸，而不是彼此各不相干）。如果评估是在项目的中期或末期进行，我们发现学生很喜欢开放式问题带来的节奏变化。不过，你仍然需要确保学生具有交流自己所知的读写能力。

某些时候，也许是 PBL 单元之外的时间，你也可以再按照考试的形式复习相关的学习内容。虽然你肯定不想仅仅为应试而教，但我们还是希望学生做好准备并感觉良好。

## 如果确实有必要，对项目进行评分

如果你想要或需要对项目进行评分，我们的建议如下。

使用进度评估工具，在"成功标准"和"反馈"之间添加一栏。这一栏应该包含学生学校成绩单上使用的数字或字母（例如 4、3、2、1 或

A、B、C、D）。在整个项目进行的过程中，你在给学生反馈时也可以告诉他们每个学习目标的当前成绩，乃至说明成绩单上如何描述这些成绩。最后，在项目结束时，你可以给出最后的分数。每个学习目标一个分数。

希望这时你的工作可以算是完成了，因为如果要将所有的分数合并为一个分数，可能会掩盖学生的优势和需要成长的领域。但如果你还是需要一个总成绩，无论是基于标准的评分还是传统的评分，这个成绩都应是基于不同类别分数的中位数或众数。你需要运用你的专业判断，确保学生的总体成绩能反映学习情况。

此外，如果你要给予某些分数更高的权重，那么在分发进度评估工具时，就要把这个信息传达给学生。无论如何，一定要使用多项分数的中位数或众数，绝不能使用平均数，因为使用平均数会导致某项过高或过低的成绩对总成绩有过大的影响。

最后，如果你需要传统的百分比评分，就再将总的字母等级换算成百分比（例如，A 相当于 95%，B 相当于 85% 等）。


## 最后的思考

毕加索说："像专家一样学习规则，这样你就可以像艺术家一样打破规则。"我们相信这句话也适用于抛弃分数、拥抱反馈的教师。传统评估和评分方法就是规则，而抛弃分数就相当于打破规则。但是，如果我们在没有充分了解规则之前就破坏规则，最终可能会弊大于利。因此，我们虽然支持取消成绩，但我们仍然相信，对评估和评分的充分理解是取消分数的先决条件。

我们的目标是有勇气在整个项目进行的过程中持续提供反馈以促进学习，必要时考虑正式评估，并努力减少对成绩的关注。

# 真实的问题：
# 如何与学生会谈？

一个好老师和一个伟大老师之间的真正区别是能否有效地会谈。

——露西·卡尔金斯（Lucy Calkins）、

玛丽·埃伦沃斯（Mary Ehrenworth）和劳里·佩塞（Laurie Pessah），

《领导有方》（*Leading Well*）作者

作为行政人员，我们重视与教师一对一的谈话。每一次谈话都能让我们更加了解教师的个人特质和专业特质。

*埃琳：* 在一次会议上，一位刚开始接触探究和项目式学习的教师与我分享了他在课堂上遇到的一些挑战。

> **教师：** 上周进行得不太顺利。我收集完他们的作业后发现，很多小组的作业都是错的。
>
> **埃琳：** 我很抱歉，我知道这可能很令人沮丧。我们之前见面的时候讨论了会谈的问题。这一周你在与学生会谈时发现了什么？
>
> **教师：** 在教室里巡回检查时，我知道有些小组的情况不对。
>
> **埃琳：** 你做了什么？
>
> **教师：** 我向他们了解情况，但这很难。学生很多，我也不想因为说得太多而破坏了探究过程。

我们获得许可后在这里分享了这段坦诚的对话。对于我这个学校领导者而言，这段对话揭示了两点：（1）这位老师不确定会谈的目的；（2）这位老师不确定如何有效地利用会谈来促进学习。并不是只有这位老师有这种情况。几乎每次我们与人们讨论反馈和会谈时，都会遇到关于会谈结构和功能的问题。


## 真实的回答：将会谈作为反馈的渠道


我们的学生在项目中遇到困境时，需要持续的支持和指导。正如前一章所讨论的，学生自我评估辅以同伴评估是最理想的。但是，与此同时，如果我们希望学生能够熟练地反馈，我们就需要为他们将反馈的过程模型化。即使学生已经拥有这项技能，教师的反馈仍然是有价值的，我们应该有意识地给予反馈。悠闲地在教室里走来走去，检查学生的工作，这样做是不够的。在学生做项目的时候与他们互动，你才能够发挥最大的影响力。

互动的核心就是反馈，这是促进学生学习的最有影响力的策略之一。我们知道，接受及时、具体的反馈有助于学生朝着他们的目标取得进展。在第二章中，我们在讨论学生需要有机会对反馈做出反应时，已经提到了这个想法。在《有效反馈的七个关键》（*Seven Keys to Effective Feedback*，2012）一文中，格兰特·威金斯用下面这段话讨论了反馈是否及时的问题：

> 然而，教育中的一个大问题是反馈不及时。关于关键表现的重要反馈往往是在表现之后的几天、几周甚至几个月才出现——例如写论文和交论文，或者获得标准化测试的结果。作为教育工作者，我们应该加班加点想办法，确保学生得到更及时的反馈，并有机会在他们对自己的行为及其效果记忆犹新时使用这些反馈。

在项目式学习中，这种类型的反馈通常是在个人或小组会谈上进行的。接下来，我们将使用下面的"5W1H"探讨这些会谈是什么样子的。（注意：这5个W不是按一般顺序出现的。）

## 会谈的"5W1H"

### 什么（What）

会谈首先是一种对话。好的会谈鼓励任何人之间自然地互动，人们采用一种对话的语气。

根据我们的经验，在项目式学习中，会谈应该：

- 建立关系

- 有对话的本质

- 遵循一个可预测的结构

- 确保学生获得所需的学习成果

- 协助澄清潜在的错误概念

- 评估学生对整个学习经历的感觉如何

## 为什么（Why）

个性化的反馈最有效，我们可以通过会谈来实现。一旦建立起信任，每个参与的人都会感到分享和接受反馈是安全的。持续的会谈可以进一步巩固这种信任。形成常规可以让学生感到更舒适从容，同时让他们更愿意参与反馈循环。

当参加谈话的人较少时，你可以让每个人更多地分享他们的想法和问题。一对一和小型会谈是最理想的。例如，教师在教室里走动并做了一般的检查后，可以向全班宣布："我注意到你们中的许多人对基本结构的设计不够有效，请检查你们的基本结构。"虽然这么说也会有一定效果，而且有几个小组可能确实会重新检查基本结构，但这一反馈对许多学生来说可能是无效的。如果教师访问每个小组，特别强调作品各部分的功能，并要求他们对遇到的困难进行分析思考，效果可能会更好。

## 谁（Who）

会谈的一方可能是个人或小组。

**个人**。个人会谈的一个主要好处是学生更愿意敞开心扉。个人会谈的缺点是需要更多时间：与 30 个人会面所需的时间比与 10 个小组会面所需的时间更长。为了使个人会谈更有效率，你可以使用固定的会谈结构（本章的后面会详细说明）。这种结构可以为每个参与者带来可预测的节奏。

即使在小组项目中，由于每个人都有独特的学习方式，你可能想留出时间来与个别学生进行会谈。这时，如果每个学生都有自己的进度评估工具，会有所帮助。另外，可以使用形成性评估来检查个人的理解，如在开始或结束时进行提问，组织一分钟的电梯演讲，或提出反思问题，要求个人把自己的工作和项目的学习目标联系起来。

**小组**。在小组项目中，更典型的形式是小组会谈。小组工作有助于加快我们的流程，因为需要跟踪的项目较少。在一个有着 30 名学生的班级里，你可以将学生分成 10 个小组。3 人小组有特定的优势，因为小组足够小，可以让每个人都很忙，但又不至于因为有人缺席而使小组工作无法继续。当然，小组规模可以根据项目的性质而调整。

即使在个人项目中，我们也可能会与学生进行小组讨论。例如，当多个学生同时做一个类似的任务，且出现共同的问题时；或者几个学生对同一个概念感到困惑时。

## 何时（When）

我们建议在规划独立工作时间时，一开始就设计好我们要与谁会谈、为什么会谈，同时要为特殊情况留有回旋余地。可以根据学生的需要、会谈记录、评估数据等因素来决定会谈的频率，或者确定每周与特定学生（或所有学生）会面的次数。

在开始会谈之前，给学生几分钟的时间进入状态。在这段时间里，客观地描述他们正在做什么（例如，"三个小组已经在合作了。几个学生已经拿出了他们的进度评估工具。杰米正在进行研究。"），以此对学生进行鼓励。在会谈的间隙，不要去打扰学生，给他们工作的时间和空间、赞美他们的工作、解决紧迫的问题、回答简单的问题、促进对话或倾听对话，以了解学生的工作情况和他们的方向。在进行这些对话时，如果你觉得学生需要帮助，就用不透露太多信息的探究性问题提示他们。

你可以在学生独立工作时间开始之前，将当天的会谈时间表张贴出来，让所有人都能看到。公布会谈时间表后，学生可以等到预定的时间再与你见面。然而，有时候学生想主动安排会谈。为了满足这样的需求，你可以每天增加两到三个开放的会谈时段。如果这些时段没有学生约谈，你就利用这些时间来跟进之前的会议，或与更多的学生见面。

## 哪里（Where）

大多数情况下，会谈应该发生在学生的工作区，而不是你的工作区。若你站着，学生坐着，会让他们感到害怕和不舒服。你应该设法融入学生中间。如果学生坐在地板上，你也要坐在地板上。如果他们坐在桌子边，你就搬一把椅子过来。

卡尔·安德森（Carl Anderson, 2018）解释了我们为什么应该在学生所在的位置进行会谈：

- 因为学生在自己的空间里感到更安全

- 因为学生可以接触到他们自己的学习用品

- 因为附近的学生可以听到你们的谈话，并从会谈中学到东西卡尔·安德森还说，在指定的会议桌前进行会谈可能更好，因为更便于你取用材料以支持学生的学习。你的会议桌可以放在学生中间，便于进行课堂管理。

## 如何（How）

有效的会谈需要有效的流程。每一次会谈都应根据学习者的需要而调整，遵循固定的会谈结构将帮助你确保所有学习者的需要得到满足。此外，我们建议每次会谈持续 5 分钟左右，最多相差一两分钟。固定的会谈结构也有助于你做到这一点。

在与学生会谈时，我们首先要了解他们当前的进展情况。然后，我们给他们一些新的东西。最后，我们让他们准备好去做新的工作。这一结构改编自《写作教学的艺术》（*The Art of Teaching Writing*）（Calkins, 1994）。

## 使用会谈结构

### 收集信息

没有什么比收到感觉完全没有根据的反馈更糟糕的了，好像反馈提供者不知道我们一直在做什么（也不知道我们是谁，我们相信什么）。要提供有意义的反馈，把学生带到你希望他们去的地方，首先要确定学生的位置。为此，我们首先应通过提问，来熟悉学生项目当前的状态。

会谈开始后，你可以先让你的学生说话。项目的学习目标将驱动会谈，所以你的问题可以促使学生把他们的工作和学习目标联系起来。

- 给我讲讲［学习目标］的事。

- 项目的［部分］是如何帮助你实现［学习目标］的？

- 你认为你已经实现了哪些学习目标？哪些学习目标对你来说是困难的？

与第一章中的一些反思提示一样，这些提示可以帮你从学生那里获得信息，以确定他们是否已经掌握了学习内容。

在会谈期间，打开包含项目学习目标的进度评估工具可以帮助学生在项目和学习目标之间建立联系。此外，如果你想让学生心中一直有这种联系，就要求他们在做项目的时候保持进度评估工具可见，而不仅仅是在会谈时才打开。不过，不要过度使用评估工具，因为我们不希望它分散大家的注意力，要根据具体情况找到一个平衡点。

根据你对学生的了解，如果你认为在会议开始时如此强调学习目标会让人感到有压力，那么一开始你就可以采取不太正式的语气。如果这是你第一次与个人或小组讨论一个项目，而你想更多地了解他们的工作内容，你也可以使用更为非正式的语气。例如：

- 进展怎么样？

- 咱们一起聊聊你的项目！

- 哪些做成了？哪些不成功？

然后，过渡到学习目标。学生逐渐习惯这样的会谈结构后，有可能自己完成这一过渡，而不需要你的提示。

## 提供新东西

无论是什么年龄的人，当他们感到在他们认为有意义的工作中取得进展时，工作效率最高。我们都喜欢这种感觉：因为自己付出了努力而对自己感到满意。要达到这种效果，首先要赞美学生当前工作的一个具体方面。这种具体的赞美可以使学生准备好从你即将说的内容中得到最大的收获。

正如我们之前所说的那样，经验表明，反馈要告诉学生三件事：他们在哪里，他们需要去哪里，以及如何到达那里。赞美与"他们在哪里"相对应。让我们详细说明这个步骤和后面的两个步骤。

1. **他们在哪里**。我们称赞当前的工作时需要明智地选择称赞的方式，因为它是讨论如何把工作做得更好（第 2 步）的基础。换句话说，为了发挥学生的长处，第 1 步和第 2 步应该集中在同一个学习目标上。下一页的 PBL 障碍图详细解释了如何有效地赞美。

2. **他们需要去的地方**。一旦你获得了有关学生进展的信息，赞美了他们的工作，就要为学生提供一些新的东西，让他们思考、使用、探索，推进他们的工作。你要指出学习目标及成功标准，将它们与当前的工作进行对比。如果合适的话，可以使用他人通过满足成功标准而达到学习目标的示范性案例（不一定是项目中的范例）。

3. **如何实现目标**。要弥合当前工作和预期目标之间的差距，你应与学生一起确定下一步的行动。也许下一步就是达成目标；如果他们离成功标准还很远，那就努力向目标靠近。

# 克服 PBL 障碍图
## 有效赞美的方法

为了提升学生的成长型思维，我们的赞美应当关注学生的行为和付出的努力，而不是他们的能力。我们要有意避免把学生训练成需要我们不断认可的人。

我们不说这种话：

- 你太聪明了！
- 我喜欢（你这样做）。
- 我喜欢（你做事的方式）。
- 做得好！

阿尔菲·库恩（Alfie Kohn，2001）说："赞美的短期作用非常明显，因为孩子非常需要我们的认可。但是我们有一种责任是不要为了自己的方便而利用孩子的这种依赖。"我们应当简单客观地指出学生做了什么，为什么这种做法有效。

以下是三个例子：

- 我看到你在故事中增加了形容词，这样做使故事变得更加生动了。
- 你把太阳能板倾斜了 30 度角，这个角度使太阳能板最大限度地吸收太阳能。
- 你主动联系一位外部专家来帮助你。你的行动体现了主动性，这将是一项使你一生受益的重要能力。

在阅读和写作工作坊中进行会谈时，你可以采取"少即是多"的方法，学生和教师找到一个明确的"改进点"后，学生集中精力向这个方向努力。项目式学习相对复杂，如果你采取这种寻找"改进点"的方法，需要保持更大的开放性。根据你对学生、学习内容和项目的了解，运用你的专业判断，来决定学生下一步行动的规模和数量。在某些情况下，学生的下一步可能是完成一个明确的任务。在其他情况下，学生可能会有多个任务。

很多时候，你会感觉自己需要处理许多潜在的步骤，事务繁多，压力很大。根据凯蒂·伍德·雷（Katie Wood Ray）在《写作工作坊》（*The Writing Workshop*, 2001）中的说法，你可以用这些问题来帮助决策：

- 现在怎么做最有帮助？

- 什么会带来快速的成功？

- 怎么做存在风险或挑战？

- 哪些情况是全班教学中不太可能出现的？

- 这个学生希望我提供什么样的教学？

你可能在开始会谈时就对接下来应该发生的事情有了明确的想法，或者你的提问让你有了完全不同的发现。无论如何，会谈之后，学生应该能够独立地采取下一步行动，并了解他们的工作是如何帮助他们达到或接近指定的学习目标的。换句话说，会谈的重点不仅仅是项目，还包括因项目而发生的自主学习。如果这种学习真的发生了，那么未来在不同的情境中，学生也能够达到相同的学习目标。这就是学习的迁移。

最后，虽然会谈主要涉及学习目标，但你也要准备好进行有关其他内容的会谈，包括：

- 当多数学生为了完成某项任务，需要某项具体技能或使用某些工具（这些任务、技能和工具可能也会出现在学习目标中）时，你需要对他们进行指导。

- 当学生合作有困难时，你需要指导小组团结合作。
- 当你偶尔不清楚自己希望学生完成什么的时候，为项目寻找指引。

虽然你可能需要在任务、技能和工具方面提供帮助，但要尽可能地避免调解学生之间的纠纷、澄清项目方向。如果后两种情况持续出现，你要问问自己能提前做些什么来避免这些问题。例如，对于学生之间的纠纷，确保你预先教学生如何合作（第五章）。对于项目方向，确保你的指南尽可能清晰（第六章），或制作自检表，让学生更容易监控自己的进度。

## 准备下一步行动

如果一次会谈能让学生比以前更兴奋，使每个人都知道接下来会发生什么，并且使学生对他们即将进行的工作有清晰的认识，那么这次会谈就是成功的。学生的工作可能包括他们尚未探索的研究问题，回顾指导性文本以微调他们的写作风格，或更新视频以更清楚地说明他们的公共服务目标。为了检查学生是否理解，你可以在会谈结束时提问："你接下来准备做什么？"在正式结束会谈之前，让学生在你面前开始他们的下一步行动。

在会谈的最后，你应让学生知道，晚些时候，你会再次和他们一起查看进度，看他们的下一步进展如何。然后，当然要兑现这个承诺。这种后续行动能让学生对他们的工作负起责任，也让他们感受到你的支持。可以说，如果他们在独立采取下一步行动时遇到困难，你就是他们的安全网。当你让学生认识到你真的会跟进他们的工作时，他们就更有可能完成你期望他们做的工作。

## 保存会谈记录

我们建议保存会谈记录，作为教师和学生的参考。会谈记录可以很简短，只包括会议日期和学生的下一步行动计划。你可以将这些信息放在进度评估工具里。为了让学生成为学习和评估的主人，你可以让他们自己记录这些信息。如果你认为某些学生能力不足，或者这个过程过于复杂，你可以先示范怎么做，再逐步把这个责任交给学生。

如果学生手里只有纸质进度评估工具，没有电子版本，你可能需要自己保存会谈记录。这些记录可以指导你的教学，你可以从中发现学生的个人需求以及普遍存在的问题。你可以使用三栏的电子表格，从左到右，内容依次是与你见面的学生的名字、会谈日期，以及任何你可能会在将来用得上的信息。你也可以给每个人（个人项目）或每个小组（小组项目）都单独制作一张表格，将个人或小组的名字放在最上面，然后是两列：一列是日期，一列是笔记。无论你采用什么风格的表格，每次会谈后都要花一点儿时间简单记录。

## 支持同伴评估和自我评估

我们希望学生也能够用这种"收集（信息）、提供新东西、采取下一步行动"的方法进行同伴评估和自我评估。同样，逐步把责任交给学生会更容易。逐步释放责任的过程是这样的：一开始是直接教学，我们教给学生什么是会谈，会谈的步骤有哪些，如何使用"收集（信息）、提供新东西、采取下一步行动"的方法。你可以在学年第一个项目开始且你已经进行了几次会谈之后开始教这些内容，这样学生可以在真实情境中学习。不要进行私下会谈，而应在班级其他同学面前公开进行会谈。会谈期间，要不时停下来，并向学生解释你的思考过程。你在做示范时，可以要求其他学生做笔记，之后再根据笔记展开课堂讨论。

正如我们在上一章中提到的那样，你也可以带学生讨论如何对一件作品涉及的每个学习目标进行反馈，通过这种方法来教学生如何评估一件作品。一旦学生适应了会谈参与者的角色，他们就可以逐渐扮演会谈引导者的角色。当学生主导对话、指出他们自己的优势和需要成长的领域，并制定他们自己的目标时，你就可以看出，他们已经在评估的过程中处于主动。同伴评估和自我评估就会自然地发生。

最后，在我们教授"收集（信息）、提供新东西、采取下一步行动"的时候，我们可以和学生一起设计文字或图表资料，来解释这三个步骤。将这些资料打印出来，在会谈之前、期间和之后供每个人参考。这些资料可以使会谈过程更加明确，促进共同语言的形成。如果合适的话，你可以在多个学科领域使用相同的语言和材料。

## 三种类型的会谈

如前所述，会谈的核心是对话。即使是自发的对话，仍然会有某个主题。我们可以利用这些主题，更有效地准备和促进对话。会谈往往分为三个主要类别。

**学习目标会谈**。这种类型的会谈关注至少一个此前尚未讨论过的学习目标，或者基于之前的会谈，关注一个取得了新进展的学习目标。学习目标会谈是最常见的类型，我们在本章中已经详细讨论过了。

**学生主动约谈**。这种类型的会谈侧重于解决个人或小组的具体问题或他们关心的议题。虽然对话往往是自发的，但"收集（信息）、提供新东西、采取下一步行动"的步骤可能仍然适用。另外，有些会谈可能涉及工作任务、技能、工具、小组人际关系的弥合以及项目指南。

**反思会谈**。你可以使用与具体学习目标相关的反思提示（见第一章），从学生那里获取信息，以确定他们是否学会了学习内容。将反思用于评估，乃至评分。反思会谈与我们会谈结构的第一步"收集信息"非常相似，但你要比正常情况下挖掘得更深，就像深度访谈一样，把这一步视为一个独立的事件。

在以上三种会谈中，"收集（信息）、提供新东西、采取下一步行动"的结构基本保持一致。但是，你可能会根据不同的类型，使用不同的提示，让对话进行下去。由于每次会谈的目的略有不同，所以你也应该以不同的方式准备。表 3.1 列出了三种主要会谈类型和小技巧。

### 表 3.1 三种 PBL 会谈类型

|  | 学习目标会谈 | 学生主动约谈 | 反思会谈 |
|---|---|---|---|
| **收集（信息）** | （项目的某个部分）是如何帮助你达成（某个学习目标）的?<br>或<br>你能给我展示一下（某个学习目标）吗?<br><br>1. 我注意到（具体赞美）……<br>2. 我想给你展示……<br>3. 咱们来讨论下一步。 | 你说你想讨论……能跟我讲讲吗?<br>或<br>我能怎么帮助你?<br><br>1. 我听到你说……<br>2. 我想给你展示……<br>3. 咱们来讨论下一步。 | 使用学术语言，解释你的太阳能汽车把太阳能转化成动能的每个步骤。如果你的汽车坏了，解释一下什么时候坏的，为什么会坏，以及你打算怎么解决。 |
| **提供新东西** | 做准备:<br>我们需要准备几个不同的应对方案，一种是针对学生没能掌握相关技能的情况，一种是针对学生虽然掌握了技能，但还不能更深层次应用的情况。最后一种是在学生已经很好地掌握了相关技能的情况下，引入另一种技能。 | 做准备:<br>若学生临时发起会谈，我们不容易提前做准备。如果学生提前提出问题，我们可以更好地准备。 | 做准备:<br>根据我们想要从学生那里得到的信息选择提示的语句。 |
| **采取下一步行动** | 你下一步打算做什么?<br>现在感觉如何?<br>下次会谈的时候，我希望看到…… | | |

## 培养行为常规

培养可持续的行为常规需要刻意练习。无论你是教幼儿园还是教 AP 物理，都不要预先假设学生的能力如何，或他们是否有意愿进行独立工作并有所产出。许多学生在一天中从一个教室走到另一个教室，面对不同的教师，而你的期望很可能与你的同事不同。如果你想让学生准备好在课堂上成功地互动和表现，你需要花时间，需要设置行为常规。

会谈日程表不仅有助于在会谈期间减少干扰，还可以帮助学生建立行为常规。一些学生对日程表感到满意，愿意等到他们的会谈时间处理他们的问题。其他学生可能会对这种安排感到难以接受。学生想要知道，如果你在和其他学生一起工作或进行会谈，该如何处理他的问题。以下是可能的解决方案：

- 如果你使用进度评估工具，学生可以将每个问题记录在相应学习目标的反馈栏中。如果一个问题没有对应的学习目标，则将它记录在表格之外的文件上，或者是记录在可选的目标设定栏中或单独的表格中。

- 学生可以在便条、日志甚至项目说明的空白处记录信息。学生也可以在教师桌上的指定位置留下便条。

- 如果学生用电脑工作，他们可以使用评论功能。

- 学生将他们的问题添加到"停车场"（指定的白板空间、便签墙或数字留言板）中，这样老师和其他学生就可以看到这些问题。这可以促进个人和小组之间的无缝协作。

我们建议准备一个特殊的位置，专门放一些问题，这样在会谈中就可以节约时间，不必专门花时间寻找这些问题。如果学生分组工作，有这样一个共同的地方就特别方便。如果某位小组成员缺席或无法参加会谈，小组的其他成员仍然可以促成对话。

无论采用哪种方法，你都要花时间与你的班级演练这个过程。你可以对学生可能遇到的情况进行"有声思考"的示范，带着他们实施一遍你希望他们遵循的步骤。这种示范也让你有机会解决那些需要中断会谈的问题（例如，Wi-Fi坏了，一个学生在走廊上呕吐，或者威利·旺卡的工厂开门）。为了提高学生的独立性，你可以在房间的某个地方记录这个过程。表3.2是这种文件的一个例子。

### 表 3.2　教室会谈行为常规

| 你的情况 | 你应该采取的行动 |
| --- | --- |
| 需要确认信息。 | 把名字和问题写在蓝色便利贴上，贴在会谈计划表上。 |
| 在进行下一步之前，我们需要反馈。 | 把名字和问题写在红色便利贴上，贴在会谈计划表上。 |
| 我找不到某个东西了。 | 查看项目指南。<br>问其他同学。 |
| 某个东西坏了。 | 在当前会谈结束后，要求和教师谈话。 |
| 我感到压力很大。 | 休息一下。在教师的桌子上留一张便条。 |
| 我们不知道下一步该怎么办。 | 查看项目指南。<br>问其他组。<br>给教师发邮件。 |
| 我们做完了。 | 查看项目指南。<br>检查进度评估工具，对每个学习目标进行反思。 |

如果你的学生年龄很小，你可能需要简化你的系统。例如，使用绿灯、黄灯、红灯。如果学生没有问题，把写有他们名字的夹子放在绿灯下。如果他们需要一点儿支持，把写有他们名字的夹子移到黄灯下。如

果他们遇到了很大的困难，就把夹子移到红灯下。可以在学生的工作区用绿色、黄色和红色的杯子或卡片建立一个类似的系统。同样，对黄色和红色的处理要提供示范和明确的例子，这是成功的关键，也是让你得以保持理智的关键。

最后，无论你的学生年龄多大，都要考虑他们在完成项目时需要哪些材料，然后尽可能准备好这些材料，这样他们就不必在你与别人会谈时为这些材料而打扰你。最要避免的情况是个人或小组总是停下工作（甚至停下很长时间），等待教师的帮助，学生得到帮助后才继续工作。如果总是出现这种浪费时间的情况，就说明你需要重新审视你的整个系统。

## 最后的思考

必须承认，我们在第一次进行所谓的项目式学习时，不知道在学生工作时自己该做些什么。我们所做的大部分工作包括：

- 随意走动，确保我们的学生遵循指示。
- 希望我们的学生一旦遵循这些指示，就能以某种方式学到必要的内容。
- 向同事"吹嘘"我们的学生做的事很酷。

反馈（而非分数）可能是你能给予学生的最重要的资源，而会谈是给予反馈的主要渠道。主持会谈是一种技能，就像任何技能一样，需要练习。我们相信，这一练习是必不可少的，你没有选择。如果你能够提供一个好的结构，将反馈与学习目标联系起来，不断提高技能，你作为一个教育者的专业素养将得到提升。同时，你也能创造让你的学生得以反馈（而非分数）可能是你能给予学生的最重要的资源，而会谈是给予反馈的主要渠道。

苗壮成长的学习环境，而这种学习环境即使在你缺席的时候，也仍然无处不在。

在以上几章中，从第一章的进度评估工具开始，我们已经讨论了项目式学习的几个评估选项。为了让我们的想法更加明晰，这里总结了一些选项：

- 教师与学生会谈是默认的评估方式。

- 在整个项目中，我们可以渗透同伴评估，随着学生对这种方式越来越熟悉，使用这种方式的频率也会增加。

- 自我评估是我们的最终目标，尽管它并不总是容易实现。就像同伴评估一样，学生越熟悉这种方式，使用这种方式的频率就越高。

- 进度评估工具以学习目标为导向，使评估过程更正式。尽可能使用这一工具进行评估，而不是评分。

- 我们可以用正式的形成性评估，如不计分的小测验，来检测学生的学习情况，并以此为基础调整教学。

- 如果需要评分，可以考虑在项目结束时使用测试并评分。

在本章中，我们探讨了如何将直接教学渗透到与学生的会谈中。在下一章中，我们将对在项目式学习中使用直接教学的不同方式进行总结。

# 真实的问题：
# 如何在项目式学习过程中进行直接教学？

如果没有什么可以思考的东西，就很难激起或诱发学生的优质思考。

——卡琳·莫里森（Karin Morrison）、

罗恩·理查德（Ron Ritchhart）和马克·丘奇（Mark Church），

《哈佛大学教育学院思维训练课》（*Making Thinking Visible*）作者

项目式学习的一个美妙之处在于，学生有机会自己发现新内容。通过探索和解决问题，学生有了真正了不起的新发现，其中许多是教师无法预见的。但我们不能假设学生会自然而然地接触到我们希望他们学习的所有信息。

*埃琳：*一位老师曾经告诉我，他无法接受探究式学习，因为他真的很擅长直接教学。他认为讲故事和与学生互动的能力是他的专业优势。我尊重他的坦诚，因为他引发了一段真诚的对话，而对话的开端则是这个问题："谁说项目式学习一定没有讲故事，没有直接教学？"毕竟，学生不可能对不存在的事物进行审辨式思考。他们必须以某个内容作为起点。

然而，人们已经在心中形成了直接教学的负面刻板印象，特别是在项目式学习和探究式学习的热诚粉丝心中，这种负面刻板印象更是根深蒂固。然而，在《可见的学习：最大限度地促进学习》（教师版）一书中，约翰·哈蒂告诉我们："最有影响力的教学，最能引起教师互相交流的教学，就是直接教学……人们经常错误地认为直接教学就是满堂灌，事实并非如此。"实际上，满堂灌往往和慢节奏的讲座有关。我们需要对直接教学下一个更广泛的定义。即使在以学生为中心的课堂上，教师也要扮演内容灌输者的重要角色，教师要为学生提供新的信息，让他们思考、质疑、挑战和学习。

我们在迈大步踏入项目式学习后，有点儿太偏爱它了，有时候导致我们看不起直接教学。现在，我们有了更多的经验，知道如果在整个PBL单元中有策略地加入直接教学，学生会更加受益。更具体地说，在项目式学习中，直接教学有三种不同的形式：主动直接教学、反应式直接教学和迂回学习。

# 真实的回答：三种类型的直接教学

## 主动直接教学

一般是在全班进行，这种教学可能包括：

- 大多数学生需要的背景内容。

- 与常见错误概念有关的内容。

- 学生需要学习，且在项目中可能很难自己发现的内容。

- 多数学生想要执行的具体步骤，或想要使用的工具和技能，但需要教师帮助才能执行或使用。

在所有情况下，你要先问自己："对于多数学生来说，我提前'喂'给他们这些信息，是否比让他们自己发现更有益？"如果你认为学生会遇到困难，而且是会引起不必要焦虑的困难，而不是会导致深入学习的积极困境，那你就应该积极主动地教授这些内容。

你对学生的了解（为此可以进行预评估）、你对内容的了解、你对项目的了解，以及你愿意投入多少时间，这些因素可以帮助你做出决策。如果你决定要讲授，就在学生最需要它的时候进行：在项目开始之前，项目刚开始的时候，或者在学生将要遇到困难的时候。这就是所谓的适时学习。

如果你要使用预评估，在设计时要考虑以下几个问题（其中前三个问题改编自前面的要点）：

- 要参与这个项目，你的学生需要具备哪些背景知识？

- 学生中存在哪些常见的错误观念？

- 学生在完成哪些具体的工作或使用哪些技能及工具时需要你的帮助？

- 学生对要学习的内容已经知道什么，不知道什么？

- 学生对要学习的内容有多大兴趣？

- 如果要给学生分组，你需要知道什么？

## 反应式直接教学

你在项目进行的过程中发现学生需要额外的帮助时，就是差异教学的关键时刻。这种教学一般有三种形式，与我们在上一章中讨论的会谈直接相关。

- 一对一会谈，满足学生的特殊需求。

- 在小组项目中，小组指导可以满足一个小组的特殊需求；在个人项目中，如果几个学生有相同的需求，你也可以进行小组指导。

- 如果大多数学生都有同样的需求，你就可以进行全班教学。

大多数情况下，学习内容与项目的学习目标有关。然而，它也可能与下列内容有关：

- 多数学生想要执行某个具体步骤，或想要使用某项具体工具和技能，但需要教师的帮助。

- 合作存在困难时，需要教师指导小组团结合作。

- 项目指南，特别是如果你也不太清楚你希望学生完成什么的话。

## 迂回学习

如果学生知道他们必须完成什么，他们就更有可能掌控自己的学习。当然，在实现目标的过程中，他们可能会把自己的兴趣作为工作的方向，而这可能与课程标准不一致。或者学生可能会偶然发现某个意想不到的现象或想法，结果深陷其中。如果发生这种情况，你的应对方式可能是下面两种之一。如果你说"这不是我们要学的东西"，就可能扼杀学生的好奇心；但如果你允许学生深入探究自己的问题，就可以培养学生的探究精神。

培养学生的好奇心比完成教学计划更重要。如果学生在学习中"绕道行驶"而不是直指目标，你应该尽可能允许他们这样做，你可以让他们在项目时间之内或项目时间之外的"天才时间"中进行。有的时候，若"绕道"的时间太长，或者你觉得他们的学习不太有效，可以使用"停车场"，让学生储存、分享他们的想法，乃至就他们的发现展开合作。学生在公开发表他们的想法时，就能使想法得到验证，同时也创造了激发其他人想法的平台。

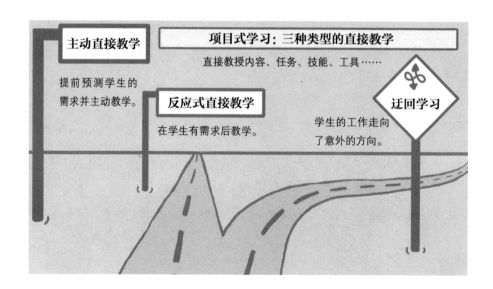

## 用时不同的两种课程

在项目式学习中嵌入直接教学是常见的做法。学生开始完成他们的任务，教师在旁时时提供课程，学生即时应用。如果你想最大限度地保证学生的工作时间，就要尽量减少讲授时间，努力控制在 12 分钟以内。这种讲授可以被称为微课。

然而，有时直接教学可能以不同的形式出现，需要持续更长的时间，如 45 分钟或整节课。我们称这些为长课。

> 培养学生的好奇心比完成教学计划更重要。

我们将用 5W 来解读这用时不同的两种课程。然后，我们将讨论提供这些课程的方式。请记住，这两种类型的课程都可以以主动和反应式的方式进行。无论你如何授课，你都可以上传资料（如讲义、视频、照片、图表）到项目的数字中心，留存学习记录，供学生日后查阅。（第六章将详细介绍如何创建这个数字中心。）

### 微课

**什么是微课？** 你要教授的是具体的、有针对性的内容，你可以简明扼要地将这些内容传授给学生，而且你相信你的学生会将它应用到他们的工作中。

**为什么上微课？** 微课可以在短时间内提供大量新信息，同时给学生留有时间，让他们练习。你已经确定，让学生通过长时间的探究来发现这些内容不值得，可能是因为时间有限制，或者是因为你认为让学生尽快获得信息很重要。

**给谁上微课？** 你可以给全班学生上微课，但因为授课时间短，所以不一定每一次都是给全体学生上课。例如，在反应式教学中，可以只给那些需要指导的学生上微课。

**什么时候上微课？**在任何需要的时候都可以上微课。尽量做到即时教学，让学生马上或在不久的将来就能将学习的内容应用到工作中。

**在哪里上微课？**由于直接教学时间很短，而且只在需要时才进行，所以你要确保你的学生意识到这件事很重要。你可以调整教室环境，增加体验感。在小学的教室里，你可以请学生坐到地毯上。这个年龄段的学生已经很清楚地知道，新知识的学习是在地毯上进行的。在中学教室里情况会复杂一些。如果课桌是按小组排列的，你可以请学生移动课桌，使它们面向教室前面。有的教师在上微课时会允许学生坐在桌子上，这种做法也很好。无论学生是几岁，你都要创造一些环境变化，这将有助于提高学生的注意力和记忆力。

## 长课

**什么是长课？**教授值得或需要深入探讨的内容时，你需要用长课。然而，长课并不等于满堂灌。

**为什么上长课？**有些类型的课程需要更长的时间。例如，做研究的学生可能需要与图书管理员见面，学习如何使用学校的在线数据库，或者学生可能需要尝试使用手电筒和网球来了解月相。

**给谁上长课？**鉴于长课的性质，通常是整个班级一起上课。任何人都可以教：教师、特殊领域的教师、行政人员、外聘专家或学生。

**什么时候上长课？**由于长课需要学生暂停工作一段时间，所以你只有在学生为了完成项目目标而必需上这些课程的时候才能使用这种方法。

**在哪里上长课？**长课可以在任何地方进行：在教室里，在虚拟环境中，在校外，或在社区里。并非只有传统教室才是学习空间，学生可以在教室外面或数字空间里学习。

## 整合微课

表 4.1 显示了如何将微课应用于项目式学习。一个 10 到 12 分钟的微课可以分成 5 个不同的步骤。

表 4.1　项目式学习中的微课（改编自 Calkins，1994）

| 步骤 | 提示语 | 内容示例 | 技能示例 |
|---|---|---|---|
| 讲述与先前学习的联系（1分钟） | 在这个项目中，我们已经学到了…… | 在这个项目中，我们已经学到了在度量时仅有整数还不够。 | 在这个项目中，我们已经学到了如何找到可信的信息来源和有用的信息。 |
| 说明需要学习的内容（1分钟） | 今天我们要学…… | 今天我们要学习与分数有关的词汇：分母、分子、真分数、等值分数。 | 今天我们要学习怎样组织语言，避免抄袭。 |
| 教学（5分钟） | 我们来学…… | 我们用文字、图示、数字来学习这些词是什么意思。 | 我们来学习怎样用不同的词汇改写一个句子，同时保持意思不变。 |
| 学生参与（3分钟） | 现在轮到你们了…… | 现在轮到你们了。和你的伙伴一起讨论这四个词的含义。我会在教室里巡视，有时会加入你们的讨论。 | 现在轮到你们了。这里有三个句子，请和你的伙伴一起改写这三个句子，保持它们的意思不变。我会在教室里巡视，有时会加入你们的讨论。 |
| 接下来做什么？（1分钟） | 今天我们学了……接下来…… | 今天我们学了四个新名词。接下来，请尽量在工作中使用这些名词。 | 今天我们学了怎么把别人的句子变成你自己的句子。接下来在你的项目式学习中，要确保自己不要抄袭，而且一定要记录信息的来源。 |

你可以在项目式学习中定期上微课。但是，由于 PBL 的复杂性，我们要避免总是在课堂开始时上微课，或者总是严格遵守五个步骤的套路。相反，我们应当把表 4.1 中的信息作为一个起点，然后运用自己的专业判断，使它适合自己的学生和特定环境。

在项目式学习中，每天在让学生去工作之前，你需要把大家召集在一起，了解班级的状况。不要每次都是从一节微课开始，也不要每次都说"该做你们的项目了，去吧"。你可以尝试简明地回顾一下他们已经完成了什么，还需要做什么。然后问："在你们开始工作之前，还有什么问题、想法或担忧？"

如果有个人和小组说他们需要帮助，你可以很自然地发起全班讨论，让全班受益。不过，不要让这些讨论持续太长时间，因为学生需要开始工作。如果你需要很长时间回应学生的问题，就先与提出问题的个人或小组讨论，而不要占用整个班级的时间。


## 整合长课

许多长课可能和你在项目式学习之外的大多数课堂教学一样，只要时间别太长就行。我们发现，在项目式学习中，"枯燥的"课本活动重新获得了生机，因为在项目的情境中，学生可以把学习与项目的整体图景联系起来。这时，他们所学的东西变得更有意义。不过，作为教师，我们不能只是假设学生能在课程和项目之间建立联系。我们必须不遗余力地确保授课时这种联系十分清晰。

你也可以使用专门针对项目的长课。正如我们在接下来的例子中所看到的那样，这些课程只有在项目式学习的情境下才能发挥作用。

长课可以有无数种形式，以下是八种我们最喜欢的形式（记住，将一些长课缩短，就可以成为微课）。

## 问题头脑风暴

在任何项目中，特别是在学生第一次投入工作之前，学生的脑海中会有无数个关于学习内容以及如何执行项目的问题。问题头脑风暴是一种结构化的方法，可以让这些问题脱离学生的头脑，进入大家的视野。

首先，给学生一定的时间（大约 10 分钟），让他们记录任何与项目有关的问题。你可以让他们写下来或发布到网上。我们曾经让学生分组工作并在教室后墙的白板上写下他们的问题，然后大家一起巡视，这样学生就可以看到彼此的问题。

接下来，我们就这些问题进行讨论。你也可以在课堂讨论之前，让学生标记出他们最关心的问题，这样可以使讨论的方向更明确。

最后，为了记录这个过程，我们可以给白板拍照，将照片上传到项目的数字中心，保存所有的头脑风暴问题。

我们想确保这些问题和讨论能够给学生的工作提供指引，而不是不管发生什么，PBL 单元都按照预定的路径进行。以下是实现这一目标的五种方法：

- 学生按照重要程度给问题排序，选出他们认为最需要回答的问题。或者，按照项目内容、项目过程和最终产品等类别对问题进行分类。无论采用哪种方式，我们都可以在项目的互动指南中（详见第六章）加入这些问题和对它们的研究。

- 我们可以把大多数学生都有的问题添加到一个图表上，之后再挂起来，每个人都可以在整个项目中参考。也可以在墙壁或公告板上按研究顺序或类别张贴问题。必要时，在项目过程中可以增加问题。

- 如果大多数学生有相同的问题，你就需要主动安排至少一次微课或长课来解决这个问题。如果只有几个学生有同样的问题，你可以组织小组会谈。

- 如果大多数学生都有同样的问题，并且该问题与学术标准有直接联系，我们就应把该标准的学习目标添加到项目的进度评估工具中。只有在项目刚开始时可以改变进度评估工具。
- 组织小组项目时，你可以在问题头脑风暴之后，根据学生在这个过程中展现的共同兴趣来组建小组。

最后，我们可以分配一些时间让学生讨论或记录他们的下一步行动——如果是个人项目就单独记录，如果是小组项目就分组记录。

## 思维流程

罗恩·理查德、马克·丘奇和卡琳·莫里森所著的《哈佛大学教育学院思维训练课》一书首次向我们介绍了思维流程。这本书提供了 21 个方法，这些方法可分为三类：引入和探讨型思路、综合和系统化思路以及深入性和延展性思路。"问题头脑风暴"虽然不在此书中，但仍然属于一种思维流程。

思维流程为学生（和成人）提供了通过思考、提问、倾听、积极感悟、记录和合作来学习的机会。同时，从该书的标题来看，思考是可以被看见的，这让我们"不仅能看到学生理解的东西，还能看到他们是如何理解的"。

思维流程可以在不同的环境、项目和学科领域中重复使用。有时候，学生开始项目时已经熟悉特定的流程，你就不必反复解释了，而且这时学生已位于学习的核心位置。

腾出时间让学生熟悉思维流程，传递了这样一个信息：思维是学生需要学习并练习的一种技能，也是学习过程中的一个关键部分。我们传递了这些信息后，思维流程就不仅仅是很酷却孤立存在的活动，它们能转化为强有力的体验，有助于形成一种思考、探究和创新的文化。

网址 realpbl.com/resources 提供了零点计划的思维流程工具箱，同时还有更多相关网站链接，如美国学校改革联合会（National School Reform Faculty）、学校改革倡议（School Reform Initiative）和探险教育（EL Education）。

## 整合阅读

无论学生是通过阅读来学习还是在学习阅读，我们都可以将阅读渗透到项目式学习中。一种方法是引导学生参与和项目主题相关的文本互动，然后鼓励他们在两者之间建立联系。这个方法简单直接。例如，如果是关于政府的项目，学生就读关于政府的文本；如果是关于太阳系的项目，学生就读关于太阳系的文本。

另一种方法是使用与你希望学生从项目中学习的内容相联系的文本，更具体地说，就是基本问题、持久理解和学习目标。这时学生阅读的文本和项目可能有相同的主题，也可能没有。学生使用这些文本学习时，你要让他们明白讨论和活动的重点，加深他们对项目学习的理解。如果你根据学生的需要或项目的基本问题、持久理解或学习目标来备课，会更容易，也更具体。

为了说明第二种方法，让我们设想一个小学班级正策划一项社区活动。这项活动就是项目本身，但学生可能还需要学习特定的数学概念，才能更好地开展活动。教师可以用图画书来支持这些概念的教学。教师可以让学生朗读这些书，也可以让学生独立阅读。

为此，我们可以把与项目主题相关或与学习内容相关的书籍和出版物带进我们的教室，可以向学校图书馆的管理员寻求帮助。在项目过程中，我们可以在特定的位置（如一个指定的书架上）展示相关书籍，让学生更容易看到和获得。学生可以利用这些读物进行研究，也可以在空闲时间浏览这些读物。

学生进行研究时，可能会遇到一些在他人的帮助下才能理解的文本。如果你认为值得深入处理这些文本，这就为你创造了机会，让你把阅读理解教学纳入项目式学习。这种教学可以在个人和小组会谈中进行，如果学生发现内容很有意义，我们也可以进行班级授课。

## 整合写作

在整合写作方面也有同样的选择。学生可以围绕项目的主题进行写作，或者你可以为学生创造条件，让他们以一种与项目学习相关的方式进行写作。和阅读一样，我们可以根据学生的需要或项目的进展情况来选择写作内容。我们可以要求学生通过写作来证明对所学内容的理解。例如，"设计一本图画书，展示你对水循环的理解"。写作体裁可以是多种多样的。许多时候，我们可以让学生做选择。

我们还可以给学生提示和作业，帮助他们推进项目，同时加深对所学知识的理解。你可以采取以下两种方法：

- 直接教学结束后，学生在纸上或博客上写下他们学到的知识，及该知识与项目的基本问题之间的关系。学生在通过博客等方式与其他学生分享作品时，可以创造出更多学习机会，因为学生会用分析的眼光来阅读他人的作品，并回应对方。
- 学生对第一章中列出的任何一个反思问题做出回应。如果我们使用开放性的（而不是评价性的）提示，可以给学生几个问题，然后让他们决定回答哪一个或哪几个。在项目过程中，学生可以将对问题的回答编入博客或日志。

为了鼓励学生将 PBL 内容渗透到写作中，开始时你只需告诉学生他们可以这样做，因为他们自己可能想不到这一点。你在教写作时，把 PBL 内容纳入直接教学，为学生示范这一过程，如创建并使用一个范例，展示当前课程的学习目标。例如，许多社会学教师使用音乐剧《汉密尔顿》（*Hamilton*）的歌曲来表达有关历史的具体观点。利恩－曼努埃尔·米兰达（Lin-Manuel Miranda）精心挑选的词语不仅创造了强烈的节奏，还传达了一个关于过去的具体故事。

你可以在教室的各处布置与项目有关的物品和学习证据，引导学生将项目式学习与读写结合起来。例如，你可以将布告栏上的学生作品作为指导性文本，将写作工作坊中微课的图表作为学生做项目时的参考。

下一页的克服 PBL 障碍图包含另外五种支持深度读写整合的方法。

## 演示课

这种课是为了学生做项目时需要某种具体技能或工具的情况而设。没有必要让学生自己去发掘这些信息，因为这些信息相对简单，或者需要花费的时间和努力太多。虽然我们把本类课归为长课，但这种课可以短至几分钟（比如向学生展示如何使用钻头），长至几乎整节课（指导学生如何使用某个计算机程序）。

一般来说，我们要尽量避免在学生还没有用到某种工具和技能时，先长时间地教他们。相反，我们要让学生沉浸在学习中。当他们意识到为了进一步地学习，而必须使用某种技能或工具时，我们再有计划地在真实的环境中为学生提供他们需要的东西。

演示课还有另外三个注意事项：

* 我们可以考虑将演示课进行拆分，特别是如果所需时间太长的话。例如，第一天教学生视频编辑的基础知识，第二天带领他们探索高级功能和发布选项。

# 克服 PBL 障碍图

## 五种支持深度读写整合的方法

| | |
|---|---|
| **在进度评估工具中加入英语课程标准** | 无论我们教什么学科,都可以在项目中加入英语课程标准。在进度评估工具中使用这些标准,在项目指南中设置相关的任务,强调其重要性,确保相关技能得到教授。 |
| **在学科教学中明确教授读写能力** | 每个学科都有不同的读写风格。教给学生学科文本的典型结构,可以帮助他们更好地理解。学生理解学科写作的规则和结构之后,能更高质量地完成工作。 |
| **用差异化文本满足学生的需求** | 无论我们教哪个年级,学生的阅读能力都有差异。使用差异化文本(可以用在线工具生成这些文本),学生可以自行匹配适合他们能力的阅读材料,同时我们对学科理解的要求不会改变。 |
| **教师合作** | 在项目开始的时候,我们可以和学校的语言教师合作。这种合作可以帮助我们更好地满足学生的需求,并且在所有的学科领域贯彻一致的读写策略和要求。 |
| **扩展读写的定义** | 读写能力现在已经包括谨慎对待我们的数字痕迹,在社交媒体上正确使用标签,把重要信息缩写成短短几个句子,高质量地在网上留言,等等。如果某项技能在真实世界中有用,我们在学校里就应该教这项技能。 |

- 在有些情况下，不是所有的学生都需要演示课（例如，不是每个人都要用钻头）。不过，长期而言，如果是所有学生都可能需要的技能或工具，我们仍然可以考虑为所有学生进行演示。你也可以让学生决定是否参与课程。

- 如果班级里的某个学生或某些学生有专长，也可以让他们来演示，我们可以协助。凸显学生专家的作用，有助于形成这样的学习环境：无论是教师还是学生，人人都可以被看到。

如果演示课的内容简单，只包括一系列操作步骤，我们可以将这些步骤制作成图表或视频，并在需要时分发给学生，也可以将这一资源上传到项目的数字中心，让学生自行访问。同样，也可以让学生牵头创建并分发这些材料。如果合适的话，教师和学生创建的材料可以重复使用。假以时日，我们就可以积累起一个内容广泛的素材库，供学生选择。

如果操作步骤具体且容易遵循，我们就可以放弃演示课，只把图表或视频提供给学生。

## 演讲技巧

如果你计划对学生的演讲技巧进行正式评估或评分，你就需要教授这种技能。即使不对学生进行正式评估或评分，这也是一项值得教授的宝贵技能，因为大多数项目式学习都会涉及。《2020 年工作展望》调查的导言部分将"口头沟通能力"排在雇主最看重的未来雇员应具备的能力中的第七名。

有效的演讲要包括哪些要素？这一点因年级而异，但有一些共同的要求：

- 语言的组织性和清晰度

- 身体姿态

- 眼神接触

- 语气语调

- 音量

- 辅助材料

- 对听众的即时反应

- 协作（例如小组报告）

　　在你的学生开启第一次项目式学习之前，我们建议你与学生一起总结有效演讲的要素。此外，让学生接触一些范例，如 TED 演讲，让学生根据这些要素对演讲进行评估。

　　你也可以把这些要素教给学生，然后和他们一起参考演讲范例，为每一个有效演讲的要素定义成功标准。这个过程和与学生共创进度评估工具相似。如果你这样做，你们最终的产品是这样一个表格：左边一栏是演讲的要素，中间一栏是成功标准，右边一栏是反馈。你可以用这个表格来评估演讲能力。另外，你可以把每个要素改写成陈述句或问句，例如"我能保持一致的、专业的语气"或"我能保持一致的、专业的语气吗？"

　　在学生要做演讲的项目中，你要留出时间让他们练习，同时要求他们牢记在最终的演讲中听众是谁。正如公共演讲专家迈克尔·波特（Michael Port）在《掌控全场》（Steal the Show, 2015）中告诉我们的那样："克服怯场或表演焦虑最简单的方法是，当你在舞台上或在高压情况下时，要对自己在做什么烂熟于心。"迈克尔·波特还强调，我们大多数人实际上不知道如何练习。如果你的学生已经有进度评估工具，并且熟悉该如何使用，那么在他们设计并练习演讲时，你可以用它来指导。进行演练时，用进度评估工具来进行教师、同伴和自我评估。教师也可以采用主动直接教学或反应式直接教学来教授演讲技能。

如果你正在寻找幻灯片设计方面的资源，我们推荐加尔·雷诺兹（Garr Reynolds）的《演讲禅》(*Presentation Zen*) 和南希·杜阿尔特（Nancy Duarte）的所有作品，包括《幻灯片的艺术》(*Slide: Ology*)和《共鸣》(*Resonate*)。

## 外部专家

外部专家可以让一个项目看上去更真实，同时也能改善学生的学习效果。作为教师，我们可以邀请专家与学生一起工作，为学生做报告，或者成为学生的听众。有时，学生的父母或亲属就是专家，我们应当尽量去了解学生家人的职业。我们只要说明需求，或者发放调查表，就能收集到这方面的信息。其他可利用的关系还有：其他班学生的家庭成员、学校或学区的其他教师或管理人员、社区成员，以及其他朋友或同事等。

如果学生有能力，我们可以鼓励他们安排专家访问，这可能需要我们的协助。过去，教师可以与学生一起给专家发电子邮件。现在，我们常用社交媒体来建立联系。通过社交媒体我们可以联系到更多专家。并且，很多专家愿意与学生一起工作。在专家来访之前，教师或学生应告知他们目前的项目和我们的需求。如果有必要，我们可以与专家一起做好活动安排。

外部专家的日程可能很难安排。如果你根据项目日程把他们安排在某一天或某一周，很有可能项目没有按计划进行，结果到了指定的日期或时间不需要专家。我们只能建议保持灵活性，并期待专家也是如此；或者使用异步工具（如谷歌文档和讨论区），这样专家就可以在他们方便的时候做出贡献。我们也可以使用远程会议工具（如谷歌会议）。

如果专家将在学生演讲时出现在观众席上，请在项目开始时告知学生。专家的参与将成为一种动力，对学生执行项目的过程产生影响，并成为他们计划演讲时的考虑因素。你也可以给专家乃至每一名听众分配任务，让他们向演讲者提供反馈。

## 研究

一说到研究，我们通常想到的是传统的研究论文。写这种研究论文时，学生需要从书本上复印资料，需要打印各种文章。学生在这些资料中标记一些段落，再基于这些信息构筑自己的想法。形成自己的想法后，再进行加工，以某种形式输出，如研究论文、海报或幻灯片。如今，做研究仍应参考书籍和文章，但也可以把外部专家、访谈、实地考察、实验、原型设计、YouTube、视频、照片、歌曲等作为资源。

如果我们希望学生有效地进行研究，就需要教他们怎么做。研究包括但并不限于以下十个阶段。这些阶段不是"步骤"，有三个原因：（1）具体情况是有差别的，可能并不需要经历所有的阶段；（2）研究并不总是以线性方式展开；（3）学生将根据他们的研究问题探索研究的不同阶段。例如，当学生在多项内容之间建立联系时（第5阶段），更多的问题可能会浮现出来（第1阶段）。因此，学生需要"回退"几个阶段：

- 知道要问什么问题，要寻找什么信息。
- 寻找相关内容。
- 区分可靠的来源和不可靠的来源。
- 吸收内容（例如，阅读、观看、聆听）。
- 在多项内容之间建立联系。
- 提取相关信息，并根据信息之间的关系组织信息。
- 整合多项内容中的相关信息。

- 通过改写、提炼和添加，使相关信息成为自己的内容。

- 发表作品，展示所学内容。

- 引述资料来源。

明确了这些阶段后，你就可以确定指导学生研究时的教学点。然后，你可以更容易地确定，根据学生的能力，你需要在哪些方面提供多些支持或少些支持。例如，如果是为高年级学生寻找资源，你可以进行直接教学，简短演示如何使用图书馆数据库和搜索引擎。如果是针对年龄较小的学生，你可以主动向他们提供资源清单，让他们从中选择，从而简化这一阶段。

最后，你可以请学校图书管理员或其他专家为研究提供帮助。但是，研究技能并不仅限于图书馆中。学生应该在他们工作的过程中尽可能地发展和使用这些技能。

*罗斯：*作为小学校长，我曾有幸与一位多才多艺的图书管理员莉萨·斯特劳宾格（Lisa Straubinger）合作，我们重新调整了她每天的日程表，使之包括两个弹性时间段（45分钟）。在这两个时间段里，她能够走进教室，使"上课时间"和"图书馆时间"之间不再有明显的界限。

## 最后的思考

在《聚焦》（*Focus*, 2011）一书中，迈克·施莫克（Mike Schmoker）讲述了一个故事，代表了他在学校看到的情况。

他［一位备受尊敬的教师］一直在创新。他发起了跨学科教学，大量使用信息技术，开展实践活动以及大量的项目式学习。他的学生很少阅读，更少写作。但他们花了很多时间往返于图书馆，准备、制作，然后（无精打采地）听彼此花哨但没有重点的 PPT 演示。像他学校里的大多数老师一样，他甚至没有意识到他的课程和项目缺乏示范、指导性练习或对于理解的检验。然而，这位老师因为强调"主动"学习、强调在"基于项目"的作业中"整合信息技术"而受到高度评价。为什么呢？因为虽然不是聚焦和有效的课程，但这些是学校的重点工作，学校和学区在教师专业发展上看重这些方面。

我们最初读到这段话时深有共鸣，因为我们在教学生涯的早期，差点儿成为这样的老师。我们猜想，这段话也会引起读者中许多人的共鸣，可能让你看到了自己，也可能让你想起了某位同事。

在这一点上，随着职业生涯的发展，我们已经积累了一些经验。

首先，我们不要再把"运用最新的教学方法"当作荣誉徽章。课堂不是我们的，而是我们的学生的。华而不实意味着学生的需求没有得到满足，而满足学生的需求是我们的首要任务。

其次，我们在项目式学习中运用直接教学时，形式（创新教学实践）应与实质融为一体，两者的结合有助于为学生的学习创造最佳条件。

最后，如果我们故步自封、停止进步，就会出现问题。因此，尽管我们经历了"对直接教学不屑一顾"的阶段，但我们必须跨越这一阶段，才能到达现在的位置。几年之后，当我们回头看现在的工作时，我们会发现，自己还能做得更好。

# 真实的问题：
# 如何构建 PBL 文化？

你可以借用或盗用一种技术，但绝不能借用或盗用一种哲学或文化。

——迈克尔·富兰（Michael Fullan），

《变革的六个秘密》（*The Six Secrets of Change*）作者

*罗斯：* 我的项目式学习之旅才刚刚开始几个星期，我就开始陷入麻烦了。

尽管我胸有成竹，但学生似乎并不相信我的方法，还有几个家庭对课堂上发生的事情感到困惑不解。更糟的是，一个学生转学去了我所在地区的一所私立学校。虽然这并不完全是我造成的，但另一名学生的家长告诉我，我的教学风格太激进了，这是导致孩子转学的决定性因素。在和这位家长的这次谈话中，她还试图告诉我其他家长的担忧。

我没听进去她的话，她也知道这一点。因为我认为我最知道自己在做什么。

这次谈话后不久，就是在教师家长见面日，矛盾进一步激化。几位家长觉得我没有听取他们的意见，不顾一切地让我难堪，在其他家长面前嘲笑我的教学风格。整个过程中，我如坐针毡，一边计算离会议结束还有多久，一边用我所有的耐心来保持镇定，并以最政治正确的方式回应每一个指责。

接下来发生的大部分事我现在已经记不清了，但我确实记得每个人都离开了教室，然后我在桌子前坐了很久，试图消化刚刚发生的事情，并让自己恢复正常。在这段时间里，一位家长又来找我谈话，并安慰了我一下。然后，我的校长安东尼·莫耶（Anthony Moyer）博士来了，他想看看家长会进行的情况。我没有隐瞒，向托尼（即安东尼）详细解释了刚刚发生的事情（这也说明了我们之间十分坦诚）。

这个晚上结束时，我检查了我的邮箱，发现托尼在给我的邮件中贴了下面这段话：

> 批评者算不得什么；那些指出强者如何跌倒的人，指出做事的人在哪里可以做得更好的人，都不值一提。功劳属于真正在竞技场上的人，他的脸被灰尘、汗水和鲜血浸染；他勇敢地努力；他犯错，他一次又一次地失败，因为努力必然伴随着错

误和缺点；但他确实在努力做事。这样的人了解伟大的热情、伟大的奉献，他在有价值的事业中奉献自己。在最好的情况下，他最终会获得成就，取得胜利；在最坏的情况下，如果他失败了，至少是勇敢的失败，所以那些冰冷和胆怯的既不知道胜利也不知道失败的灵魂永远无法与他相提并论。

西奥多·罗斯福（Theodore Roosevelt）的这段话出自他在 1910 年发表的备受瞩目的演讲《共和国的公民》。这段话现在也被称为"竞技场上的人"，因为被布琳·布朗（Brene Brown）在她的畅销书《无所畏惧》（*Daring Greatly*）中引用而变得更加流行。

我带着这段话来到旁边的会议室，坐下来哭了大约十分钟。那一晚的事让我的情绪大起大落，我必须全部发泄出来。

回过头去看，我意识到问题之一在于我的傲慢。而另一个问题，也就是我们将在本章中讨论的问题，在于在一夜之间实施最佳教学实践，这本身就不是最好的办法。因为我们所做的每一个决定都会对学生和家长造成影响。

我们不能把想法强加于人，把自己认为最好的做法推销给学生和家长。我们应当采取合作的方式，在满足他人需求的同时，渐进地推动我们想要使用的方法，直到教学方式达到我们认为应该达到的水平。而且，在每个学年结束时，我们很可能不得不煞费苦心地按下重置按钮。


## 真实的回答：从常见的错误中学习

我们相信，项目式学习是多种最佳教学实践的整合。虽然很多做法并不新鲜，但项目式学习作为一个整体，可以代表一种思维方式的转变，即从以控制和服从为中心的文化转变为以学生、探究和创造为中心的文化。

　　不幸的是，我们学校中的许多做法和政策成为这种思维的障碍。我们曾经与很多学校和地区合作，努力实现以学生为中心的转变。一开始，我们通常最关注教师采用的教学方法。这样做当然有道理，因为教师是对学生的日常体验有最多掌控的人。但是，正如管理大师彼得·德鲁克（Peter Drucker）所言："在文化面前，战略不值一提。"我们必须想得更远，我们的思考必须超越教学层面。

　　在为项目式学习搭建舞台时，我们经常看到以下两个错误。

　　第一个错误是根本就没有搭建舞台。（罗斯：这就是我犯的错误。）如果学校已经存在一种探究和创造的文化，或者学生已经采用以学习者为中心的方式如项目式学习、设计思维、"天才时间"和创客空间来学习，可能就没有必要先搭建舞台。但是，更多的时候，我们犯的错误是在没有预先提醒的情况下，将项目式学习直接插入到所谓的传统课堂环境中。

　　换句话说，我们想要改造文化，却不改变整个系统。结果是教学方法无效，还有看热闹的人说"我早就告诉过你（会是这个样子）"，于是许多人退缩了，恢复使用常规的教学方法。简而言之，我们浪费了时间，有更多的人开始怀疑我们（或在家长会上引起家长的不满），而学生则错过了宝贵的机会。

　　第二个错误是认为文化和项目式学习是按顺序发生的。在学年开始的时候，我们花几周时间来建立PBL文化，然后一旦我们认为已经准备好了，就在这一年的剩余时间里开展项目，不再有意识地进行文化建设，没有意识到我们所做的一切都会以某种方式影响文化。或者说，我们先设定文化，然后就忘记它。实际上，按照约翰·科特（John Kotter）在《领导变革》（*Leading Change*, 2012）一书中的说法，"文化变革总是在一场变革的最后才发生，而不是在变革的开始发生。"因此，虽然我们绝对应该在要求我们的学生进入项目式学习之前为他们打好基础，但更重要的是，我们必须在整年中通过互动、改善关系和提升学习体验，在这个基础之上进行建设。

知道了必须避免哪些错误之后，现在我们来探讨如何建立 PBL 文化。更具体地说，我们要讨论以下三点：与学生建立关系，明确地教学生如何合作，以及打好基础。

## 建立关系

*埃琳:* 在一个学年的第一周，我正站在一所中学的走廊上。一位老师从一个学生身边走过时向该学生问好，并叫出了他的名字。那位学生笑得很开心，说："早上好!"然后这位学生和另一位学生说："虽然这个地方很大，但已经有这么多人知道我们的名字了。"

在教育中，每个时刻都很重要。

对许多教师来说，与学生互动就是我们的天性。我们询问他们周末过得怎么样，当他们看起来比平时更累时，我们会担心他们。然而，教师也是人。我们也会深陷于各种日常琐碎的工作和压力。如果我们必须放弃些什么，我们往往会优先放弃投入时间来了解学生。教师每天可能会见到 150 个或更多的学生，但学生只有 10 个左右的老师。如果一个学生在学校度过一整天，却没有人叫他的名字，也没有人问他过得怎么样，我们怎么能说，我们是在引领他走向成功呢?

说实话，必须把和学生之间的关系放在首位，其他都不重要。如果不这样做，这本书的其他内容都不会起作用，或者即便起了作用，效果也不好。正如丽塔·皮尔逊（Rita Pierson）在她的 TED 演讲《每个孩子都需要一个支持者》（2013）中所说的那样：

孩子们不会向他们不喜欢的人学习……每个孩子都应该有

一个支持者，一个永远不会放弃他们的成年人。这个成年人了解人与人之间连接的力量，并坚持让孩子成为最好的自己。

这里有四种与学生建立关系且事关 PBL 文化的方法。不过我们要提醒你，不要把这些方法变成一系列孤立的事件，建立关系应当持续不断地与你所做的事情融为一体。

## 看见学生

请你从学生的角度来考虑以下两个情境。

**情境 1**：你在无人注意的情况下进入教室，扫视整个房间。首先，你看到了昨晚在你的社交媒体上发布了一些不友善内容的同学。然后，你看到了那个在走廊上差点儿把你撞倒的同学，但你不确定他是否是有意的。你的老师在桌子后面，可能在查看电子邮件或记录考勤。你在黑板上看到了今天的作业，其内容让你更加难受。

**情境 2**：你走进教室，老师站在门口向你打招呼："早上好，马修！你昨晚的艺术展怎么样？"你回答了老师的问题。老师似乎了解你压力有点儿大，在你入座时说："今天要做的事很多，但我们会一起做。"你仍然感到房间里有些人给你造成压力，但那已经不是你关注的重点。

不管是哪个年龄段的学生，一个成年人仅仅是出现在他们面前，就能给他们带来安全感。第二个情境中的老师在学生走进教室时，立即与他建立了联系。这种联系增加了他的安全感，同时表明老师了解他、重视他。你在积极地与教室里的学生互动时，就如同掌握了教室的脉搏。你可以促进积极的能量，并与学生建立融洽的关系。而在第一个情境中，桌子后面的老师似乎无视课堂动态的内部机制，他可能会增加学生的挫折感和孤独感而不自知。

孩子们为适应环境而挣扎，他们与家人发生矛盾，并在社交媒体上互相说些刻薄的话。作为教师，我们无法帮助学生摆脱所有的困境。但是，如果我们因为这不在我们的工作范围内而忽视这些事，就会错过引发改变的最佳机会。大多数学生（和成年人）希望我们发出这样的信息："我看到你了。我理解你。"如果一个值得信赖的成年人能认出学生、叫出他们的名字，并对他们的身心健康表示关注，学生就更有可能在学校内外取得成功。

## 永远不要低估学生

我们开始项目式学习后，喜欢向其他老师炫耀我们的项目和学生的作品（甚至炫耀得太多了）。有的时候其他老师会回应说我们的方法超出了学生的认知能力。

有时候，老师们还会说："我的学生做不了这个！"

有好几年的时间，我们以为自己的学生有独特的天赋，而其他老师的学生在某种程度上能力不如我们的学生。随着时间的推移，我们开始问自己一个问题，一个我们相信每个人都应该自问的问题。当我们说"我的学生做不了这个！"时，这到底是学生的局限，还是我们自己的局限？

通常情况下，学生是被我们自己的舒适区限制的。在不同的教师之间，实际上存在的是期望上的差距，而不是学生成就上的差距。我们发现，如果把标准定得很高，对学生表现出信心，并表现出他们应该能够达到我们的期望，他们不仅通常会达到标准，而且通常会超过标准！用一个六岁孩子的话说："我的老师认为我比我现在的样子更聪明，所以我就变得更聪明了。"我们在这样做的时候，也促进了成长型思维（本章的后面会详细解说），以及心理学家阿尔伯特·班杜拉（Albert Bandura）所说的自我效能感："一个人相信自己有能力做出必要的行为，以取得特定的成就。"

对学生来说，这种信念就是他们要对自己的成功负责，而不是教师、家长或同学要对他们的成功负责。具有高自我效能感的学生更有可能接受具有挑战性的任务，同时将失败视为学习的机会。

我们看到过幼儿园的孩子制定目标，反思自己的进步，在材料的支撑下开展研究，在真实的观众面前发表作品，与社区成员互动，策划全校茶会，制作他们最喜欢的书。我们也乐于看到小学教师提高标准，用他们的学生所取得的成就来反驳"低年级学生年龄太小，无法'以这种方式学习'"的说法。

> 当我们说"我的学生做不了这个！"时，这到底是学生的局限，还是我们自己的局限？

## 把学生放在比课程更重要的位置

*罗斯：*教了几年书后，我让学生设计学校结业仪式的活动，有几个学生决定进行才艺表演。一个叫加比的学生唱了几首歌（配有背景音乐），她唱得优美动听，我大为惊讶，同时也为整个学年过去了而我没有发现学生的才能而感到羞愧。我向自己保证，我不会再犯这种错误。

几年后，我发现一个叫夏伊娜的学生很难适应四年级的学习。我与她的父母会面，他们告诉我，夏伊娜觉得班级的进度太快了，她没有表达自己的时间和空间。在这次会面中，我了解到她会弹吉他，是披头士乐队的超级粉丝，她最喜欢的歌曲是《她从卫生间的窗户进来》。为了激发夏伊娜的热情，帮助她与班级建立联系，我请她带着吉他到学校为同学们演奏几首歌。那场"音乐会"成为她这一年的转折点。

在《破解项目式学习：在课堂上实施 PBL 和探究的 10 个简单步骤》的最后，我引用了一句不知道谁说过的话："这一天，有些老师教了课，其他老师教了学生，两者有很大的区别。"在上面的两个例子中，这就是问题所在：我优先考虑的是教学任务，而不是哪些学习与学生最有关联。

如果我们想与学生建立关系，并使课堂真正关乎学生而不是我们自己，就不能替代学生发出声音和做出选择。我们不能在学年开始前就把项目、活动和课程设定为一成不变的。我们应当更好地倾听学生的心声，对他们每个人的独特之处做出回应。

## 言行一致

在《最初的 90 天》（*The First 90 Days*, 2013）中，迈克尔·沃特金斯（Michael Watkins）告诉我们："最后，也是最重要的是，要身体力行去实现你所描述的愿景。一个被领导者的言行不一致削弱的愿景……比没有愿景更糟糕。要准备好去践行你的观点。"

我们可以看到这句话和一些教育中的矛盾信息之间的关联，凯蒂·马丁在《以学习者为中心的创新》中指出了一些这样的关联。例如，让学生用笔记本电脑，但禁止使用手机；相信没有两个一模一样的学生，但使用一模一样的标准化评估来衡量学生的成绩和成功；相信在学生分享他们的学习时，教育体验更有意义，但所有的成绩都是基于学生上交给老师的作业。

作为班级教师，我们可能无法解决某些矛盾。受学校和地区的政策所限，我们可能不得不以我们认为对学生来说不是最好的方式进行教学。（但即使如此，我们也有权利礼貌地要求学校管理者进一步解释政策。）但在我们的空间里，我们仍然可以努力确保自己的行动与语言相匹配。例如：

- 如果我们要求学生承担风险，当他们犯错时，我们就要鼓励并支持他们。

- 如果我们要让学生成为学习的主人，我们就要让学生在项目中行使发言权和选择权。

- 如果我们告诉学生我们会支持他们，我们就要在他们工作时不断与他们会面。

- 如果我们重视学习而非服从，我们就要为学生提供反馈而非分数。

- 如果我们要求学生分组合作，我们就要主动和即时地教他们如何做。

为了确保我们的行动、我们的言论和我们所阐述的课堂愿景相一致，我们能做多少就承诺多少；不断反思自己的做法，并征求和考虑同事及学生的反馈。

当我们做到言行一致时，学生就会与我们建立信任。这种信任来之不易（失去却很容易），它能使学生感到安全。而当学生（和成人）感到安全时，我们就为他们创造了条件，让他们享受和拥抱他们的学习，同时也帮助他们最大限度地发挥自己的潜力。


## 教授合作

学生之间的合作是课堂蓬勃发展的基石。但当学生的想法或意见不同时，合作关系就会破裂。这时学生通常决定分开，各做各的。但是，合作并不意味着把工作分成几份，各自完成，然后再把每个人独立完成的部分组合成最终的产品。合作不仅仅是小组一起工作，更是一种相互依存的付出和接受，小组的整体进展会提高整个工作的质量。

正如前言中提到的，《2020 年就业前景》将"在团队中工作的能力"列为未来雇员必须具备的第二重要的品质。这是我们需要教给学生的一项技能，包括主动地教（在项目开始之前，在学生发生分歧之前）和反应式地教（在项目期间，当问题出现时）。然而，我们经常错过这个机会。

我们一开始在项目式学习中教授合作时，采用了以下两种方法：

1. 我们所有的评价量规都包含一个关于合作的部分，内容是"我尽我所能成为最好的团队成员，在整个项目的创建过程中，我不断为项目做出贡献！"

2. 我们把学生分组，告诉他们要和睦相处，在他们出现问题时我们会感到不安。

也就是说，我们实际上并没有教授如何合作。而且，"只把孩子们放在桌子旁边，告诉他们要一起工作，并不能教会他们合作技能"（Quinn, 2012）。有好几年时间，我们从未真正教过学生如何合作，却评估这项技能。我们期望他们能出色地合作，而不顾很多成年人合作都有困难的事实。告诉学生我们将评估某项技能，并不意味着他们会自动掌握。固然，是否应该给合作评分，这一点还有讨论的空间；但如果我们要打分或正式评估这项技能，我们就应该确保我们教了这项技能。

下一页的克服 PBL 障碍图详细介绍了如何教授合作。

根据 PBLWorks 网站，合作包括以下要素：

* 承担责任
* 帮助团队
* 尊重他人
* 达成一致并遵守协议
* 组织工作
* 团队作为一个整体一起工作

# 克服 PBL 障碍图

## 六个教授学生合作的步骤

一个方法是简单地告诉学生有效合作的特征，然后督促学生按这些特征行事。如果想要增强学生的主动性，加深他们的理解，另一个更好的方法是让学生发现这些特征。以下是具体步骤：

1. 教师提问：什么是合作？

2. 给学生提供教室中一些合作的实例（视频或真实案例），组织学生阅读相关文章（不一定是学校场景中的合作）。

3. 学生分组讨论这些实例和自己的经历，思考合作应当是什么样子的，列出有效合作的特征。

4. 每个人在班级面前分享。教师汇集班级总结出的特征，删去重复的，合并相似的，保留最相关的。

5. 把最终的清单列在图表中，悬挂在教室里，在整个学年的学习中不断强化。

6. 在学年中，如有需要，可以修改这个列表。

列表中的每一项都既是合作的基础，也可以成为教学的起点，这样教师就不必试图一次教会学生如何合作，负担也没有那么重。

你可以将这些合作要素作为你分发给学生或与学生一起创建的进度评估工具的基础，也可以主持关于这些要素及其成功标准的课程。在项目进行期间和完成之后，使用进度评估工具进行教师、同伴和自我评估。或者，用上图中的活动产出的清单来制作进度评估工具。

一种更适合高年级学生的独特方法是让学生了解帕特里克·伦西奥尼（Patrick Lencioni）提出的团队的五种功能障碍：缺乏信任、害怕冲突、缺乏承诺、逃避责任和忽视结果。无论是学生还是成人，了解这些功能障碍后都可以有意识地主动避免陷阱，同时也认识到可能出现的问题。与合作要素一样，你可以向学生提供这些功能障碍，然后与他们一起确定团队存在每一种功能障碍时的情况。不过，如果你这样做，在进度评估工具中别用"成功标准"，而要用"功能障碍标准"这个词。另外，你可以使用伦西奥尼的书（或节选）《团队的五种功能障碍》（*The Five Dysfunctions of a Team*），来推动关于这个主题的课程。

你还可以向学生提供一些语句以支持他们的合作。你可以把这些句子打印出来发给学生，或者放在图表里，在教室里公开展示。无论你使用哪种方式，这些句子都是支架，而最终的目标是让学生在没有这些支架的情况下也能顺利合作。

你可以使用这些例句：

- 我听到你说的是……

- 我同意你的观点，因为……

- 我想给［xxx］说的话做补充……

- 我明白你的意思，而且……

- 根据我的经验……

- 请再解释一下……

- 你为什么会这么说？

最后，要让学生合作，你要以身作则，在任何时候都努力做到理解他人。你在与同事和朋友交往时，应有意识地对他们的想法、观点和经验表现出兴趣。当然，这可能说起来容易做起来难。根据斯蒂芬·科维（Stephen Covey）在《高效能人士的七个习惯》（*The 7 Habits of Highly Effective People*）一书中的说法："大多数人倾听时不是以理解为目的，而是以回答为目的。他们不是在说话，就是在准备说话。他们通过自己的范式过滤一切，在别人的生活中读出自己的自传。"无论如何，如果你要求学生理解并合作，你也应该这样做。

## 打好基础

如前所述，并不是先有文化，再有项目式学习，文化也不是我们能设定后就抛到脑后的东西。在建立 PBL 文化时，你必须有一个起点，学年开始时就是最好的打基础的时间。或者，如果你想在这一年的晚些时候启动项目式学习，请先让你的学生为他们即将经历的事情做好准备，从而增加约束力。

以下是我们与学生一起开始创建 PBL 文化的四种方式。

### 棉花糖挑战

实践挑战，如棉花糖挑战，可以为项目式学习定下基调。给由四到五个学生组成的小组提供以下材料：二十根意大利面条，一码（约九十厘米）纸胶带，一码绳子，一个棉花糖，一把剪刀。然后给他们二十分钟时间，让他们建造能稳固站立的结构，再将棉花糖放在顶部。从桌子表面到棉花糖顶部的高度最高的队伍获胜。

挑战结束后，你要开始培养学生批判性反思的习惯，要求他们在小组内讨论以下问题。一旦他们有了答案，就把他们召集起来进行全班讨论。

- 如果你有无限的时间来完成棉花糖挑战，你会采取哪些不同的做法？
- 如果你能回到过去，在完成棉花糖挑战赛之前与自己交谈，你会提供什么建议？
- 你和你的小组在进行棉花糖挑战赛时犯了什么错误？你们是如何改进的？
- 棉花糖挑战属于学校中的哪个科目？或者不止一个科目？解释一下。
- 你认为我们为什么要以"棉花糖挑战"作为今年的开始？

接下来，我们观看了基于"棉花糖挑战"的 TED 演讲，即汤姆·伍杰克（Tom Wujec）的《建造一座塔，组建一个团队》（2010）。我们从中获得了一个关键的信息，即发现幼儿园的孩子们能够胜过大学商学院的学生。商学院的学生"受到训练，去寻找唯一正确的答案"，而幼儿园的孩子们则不断建造原型，"因此他们在这一过程中有多次机会修复[他们的塔]……每做一个版本，孩子们都能得到即时的反馈，了解哪些方法可行，哪些方法不可行"。这体现了我们在课堂上谈论过的迭代过程。

如果你不喜欢"棉花糖挑战"（或者你已经和学生做过了），可以组织其他活动，只要学生能经历这样的过程：批判性思考、合作、反思，乃至更多。例如，汤姆·凯利（Tom Kelley）和戴维·凯利（David Kelley）所著的《自信创造》（*Creative Confidence*，2013）一书中包含了十个创意挑战，可以帮助学生（和成人）释放他们内在的创造力。这些挑战也出现在《十个建立你的创意自信的练习》这篇文章中（参见 realpbl.com/resources）。

## 接触富有探究精神的公司

我们经常让学生接触阅读材料、视频和 TED 演讲，这些都给我们的教学带来了影响，从而也影响了我们的课堂文化。例如，在开学的第一周，我们观看了一个旅游频道的节目，其中介绍了加利福尼亚州山景城的 Googleplex（谷歌总部）的工作条件，包括美食餐厅、多个先进的健身中心、睡眠舱、现场洗衣和干洗以及免费租车等。之后，我们阅读了一篇关于谷歌文化的文章。然后我们提出了一个问题：怎样才能使我们的教室像谷歌一样？

我们的班级一起讨论了谷歌公司文化的哪些部分可以成为以及如何成为我们自己的文化。此外，我们还讨论了怎样才能确保接下来的学年圆满成功。

以下是我们为了探索一种能够培育以下这些作者所认同的技能和特质的课堂文化时使用的 15 个资源。其中一些资源也与富有探究精神的公司有密切联系。

### 书籍（或摘录）

- 汤姆·凯利和戴维·凯利（IDEO[①]）的《自信创造》

- 埃德·卡特穆尔（皮克斯公司）的《创意公司》

- 蒂姆·布朗（Tim Brown）（IDEO）的《设计改变一切》（*Change by Design*）

---

① IDEO 是一家全球知名的工业设计公司。——译者注

- 金·斯科特（Kim Scott）的《激进的诚实》（*Radical Candor*）

- 奥斯汀·克莱恩（Austin Kleon）的《像艺术家一样偷窃》（*Steal Like an Artist*）

### 视频

- 《60分钟》节目中的 IDEO 专题（关于设计思维）

- 《凯恩的游戏厅》（*Caine's Arcade*，关于"天才时间"）

- 《奥斯汀的蝴蝶》，由罗恩·伯杰（Ron Berger）主讲（批评、反馈和迭代过程）

- 《亚马逊包裹的一天》（*A Day in the Life of an Amazon Package*）

- 苹果公司的媒体发布会（我们观看产品发布会，以研究演示技巧和幻灯片设计）

### TED 演讲

- 肯·鲁滨逊（Ken Robinson）爵士的《学校会扼杀创造力吗？》

- 琳达·希尔（Linda Hill）的《如何管理集体的创造力》

- 塞思·戈丁（Seth Godin）的《停止窃取梦想》

- 丹·梅尔（Dan Meyer）的《数学课需要改造》

- 瑞塔·皮尔森（Rita Pierson）的《每个孩子都需要一个支持者》

在每年的教师见面会上，我们还会向各个家庭推荐一些资源（两到三本书和两到三个视频）。这些资源给我们的教学带来了启发，同时告诉家长们孩子们在课堂上经历了什么。

## 成长型思维与固定型思维

这两个术语是研究人员卡罗尔·德韦克（Carol Dweck）教授在 2016 年创造的，她用前者来形容一类人的思维方式，他们将智力和个性视为可发展和改变的特质；她用后者来形容另外一类人的思维方式，他们认为这些特质是与生俱来、不可改变的。以下描述来自她的书《终身成长：重新定义成功的思维模式》（*Mindset: The New Psychology of Success*）。

关于成长型思维：

> 成长型思维是基于这样一种信念：你的基本素质是可以通过自己的努力、策略和他人的帮助来培养的。尽管人们最初可能在禀赋、兴趣或气质方面有差异，但每个人都可以通过练习和积累经验来改变和成长。

关于固定型思维：

> 相信你的品质是刻在石头上的——这种固定的思维会制造一种迫切感，使人想要一次又一次地证明自己。如果你只有一定量的智力、个性和道德品质——那么，你最好证明你拥有足够多。

这两种思维处于连续变化的两极，没有人只有其中之一。了解这两种思维模式对所有年龄段的学习者来说都是至关重要的。我们的思维模式影响着我们如何看待自己，如何处理反馈，我们愿意承担创造性风险的程度，我们与他人的关系，以及最终，我们如何度过一生。

我们的班级一起观看了卡罗尔·德韦克和她的同事的视频剪辑，阅读了一些文章，以及她的书《终身成长：重新定义成功的思维模式》的部分内容。在这一过程中，我们了解了两种思维方式，重点识别和培养了成长型思维。然后，有些学生写了几段话，有些录制了视频，以解释拥有成长型思维对他们本学年及以后的学习生活有何帮助。

无数的班级、学校和学区都在探索这两种思维方式，要找到诸如海报和公告栏等资源很容易。然而我们发现，与学生一起根据他们在自己的学习中发现的信息来创造这些展品是最有益的。这些展品可以提醒人们拥有成长型思维的价值，可以支持学生转变思维方式。此外，我们还可以在学年结束时正式地重温这个话题，让学生有时间反思自己的思维方式自开学第一天以来发生的变化。

## 与家长沟通

曾经有家长问过我们这样的问题："明年［如果老师不像你那样教书］该怎么办？"事实上，在我们成为学校管理者后，很多教师经常告诉我们，他们也面临这个问题。对于这个问题，我们的回答始终是一致的：当学生和我们在一起时，我们会尽力做到最好；我们不应该仅仅因为明年的情况会有所不同而破坏他们的体验。

可以说，每过一个学年，我们的教学就离传统教学更远一点儿，这也意味着我们的风格越来越远离学生家长对他们孩子的教育期望。因此，每年我们都试图积极主动地与家长和监护人进行沟通，同时让他们知道学生及其家庭在这一年中会经历什么。

以下是我们沟通的几种方式：

- 在给家长的开学信中，我们主动提出在学年开始前与家长或监护人见面。为了让家长能找到我们，我们会在信中附上我们的手机号码。当然，我们意识到并不是所有老师都愿意透露这些信息，但我们这样做也从未带来任何问题。

- 开学一个月后，我们会举办一个家长信息之夜，重点介绍项目式学习和我们在整个学年要使用的不同技术。这些技术包括我们的班级网站、学习管理系统（如 Canvas、Schoology、Google Classroom），以及 Google Workspace（基础教育版）。在与家长沟通时，我们会特别强调家长如何使用这些工具来了解学生在学校的学习情况。

- 我们使用适合学校的短信服务 Remind，大约每周向家长发送一次短信更新。

你也可以考虑使用社交媒体与学生家长沟通，因为大多数家长都用社交媒体，所以他们不会将这种方式视为负担。注意应利用家长已经在使用的平台。我们用过 Instagram、Facebook 和 Twitter 与家长互动，大家都很积极。

最后，即使有所有这些技术，面对面的交流、视频会议和电话也应该是默认的做法，因为这些交流方式更加有针对性。


## 最后的思考

文化不是孤立存在的，我们做出的每一个决定都会影响我们空间的文化。这本书中所有的做法，都可以用来建立、维持和发展 PBL 文化。其中一些做法包括：让学习切身相关，而不仅仅是促进学生参与（序言）；不要给项目打分（第一章和第二章）；与学生合作，设计灵活的学习空间（第六章）；让学生面向更多的受众发表他们的作品，而不仅仅是面向教师（第一章和第八章）。

*埃琳*：从高中时期开始，我就教别人游泳。一般来说，初学游泳的

人是在游泳池的台阶上开始上课的。他们用手把水撩到自己的肩膀和脸上，然后小心翼翼地抓着池边扭动身体，练习踢脚。少数勇敢的人可能会尝试将脸放入水中。这个过程需要时间，但他们可以让自己逐渐适应水和游泳池。

游泳教练了解水，了解典型的游泳初学者的不安全感，因此他们调整环境，帮助学习者在舒适的情况下将注意力转移到游泳技能上。我们的课堂也是如此：我们应有意识地花时间让学生为即将到来的经历做好准备，帮助他们专注于学习。

游泳健将进入游泳池时可能不怕水，可以直接跳入水中。但是，即使是他们也要花时间让自己的身体适应水。与之相似的是，高年级学生也需要时间来适应新的环境。虽然有些人可能以前有过项目式学习的经验，但他们也需要时间来熟悉课堂上的期望，并与老师和其他学生建立联系。最终，无论年龄或经验如何，我们的学习者都会从精心设计的学习环境中受益。

# 真实的问题：
# 如何管理混乱的局面？

有效的教师管理课堂，无效的教师惩戒课堂。

——哈里·王（Harry Wong）和罗丝玛丽·T.王（Rosemary T. Wong），

《开学之初》（*The First Days of School*）作者

几年前，我们获得机会在洛杉矶联合学区的资优生研讨会上做主题发言，会议的主题是"混乱的协调者"。（这个研讨会棒极了，有 T 恤衫，还有各种其他东西。）这个主题颇为吸引眼球，不过我们觉得这个主题本身揭示了我们的工作中一个经常被忽略的真相：当我们从以教师为中心的课堂转向以学生为中心的课堂时，人们都认为，混乱将随之而来。

在这个关于混乱的想法中，存在着某种真理。我们演讲的时候通常要求参与者讨论项目和项目式学习之间的区别。毫无例外，总有人把项目式学习描述为混乱的场面。我们必须承认，项目式学习不是那么清晰有序。因此，我们不能急于推进我们让学生为项目式学习做好准备所采取的步骤，更不能省略这些步骤，尤其因为很多学生已经习惯于学校的套路。正如我们在上一章中所谈到的那样，如果想让学生走出他们的舒适区，首先要让他们有安全感。除了受到人际关系的影响，学生的安全感也受我们构建学习空间和学习体验的方式的影响。

教师想知道如何积极主动地避免以及管理这种潜在的混乱。我们通过几种方式来克服这一困难。如果我们能够有意识地处理这个问题，就可以让 PBL 进行得更顺利。


## 真实的回答：建立课堂常规

*埃琳：*尽管我在大学里接受了有关项目式学习的教学方法的培训，并在多年的课堂教学中设计、修改和实施 PBL 单元，但我认为我在担任中学校长助理时学到了最多的管理课堂的方法。

在家庭消费科学、艺术、技术教育和体育等课程中，相关教师在大部分课时中让学生参与表演任务和项目。从本质上说，这些课程是以项目为基础的，这些教师成为管理学习环境的能手。特别是，他们努力确保他们的课堂常规成为一门完美无缺的科学。

例如，如果你观察库基茨女士上的七年级艺术课，你会看到学生进入房间后立即开始收集课上要使用的材料。学生在准备好工作期间所需的物品后开始创作艺术作品，而老师则记录考勤，检查每个人的情况。在每个人都安顿好之后，库基茨女士可能会邀请学生和她一起在某一张桌子上进行演示。所有学生都站起来，把凳子推到展示台边，把他们的材料留在自己的座位上，然后在展示台那里围成一个半圆形。

这些流程如此平稳顺畅绝非偶然。库基茨女士在每学年的开始，都会明确地制定和示范学生要获得成功必须要遵守的常规。她利用第一次使用热胶枪等课程中令人兴奋的时刻，让学生明确哪些行为是被鼓励的。

在许多相关课程中，教师使用明确的准则和常规来确保安全。你可以在任何课堂上使用相似的常规，确保事情顺利进行。

以下是实施课堂常规的三个步骤：

1. **建立紧迫性**。常规和规则之间是有区别的。规则往往是宽泛的、广泛适用的，而常规则有明确的目的，并能满足特定的需要。你可以先与学生进行头脑风暴，以确定哪些需求（例如，收集材料、借书、参观艺术室）需要有常规，然后与班级合作，确定明确的行动步骤。

2. **示范成功**。重要的是，学生要了解成功的常规表现为什么样的具体行为。你可以先带领学生过一遍流程，讨论中途可能出现的问题，然后要求他们通过头脑风暴来确定怎样才能知道这个常规是否成功。和学生讨论若不按照常规行事会发生什么，展示可能产生的结果。（"如果你没有把制作中的作品放回正确的位置，它可能会丢失。"）

3. **跟进**。我们知道，与学生一起工作意味着总会有意外发生。你制定的常规也可能会出现一些小问题。如果你需要修改常规，应当立即与学生讨论。如果学生需要一些提醒，就重新回到上一个步骤，并再次进行示范。所有年龄段的学生都会从重新审视期望中受益。

学校日常生活中可能会出现种种意外：网络或电脑出问题、进行消防演习、学生违反纪律等。常规让一天的生活变得更可预测，也帮助学生感到更舒适。如果你想在进行项目式学习的班级中保持理智，与学生一起创建有意义的常规就至关重要。

## 设计灵活的学习空间

灵活的学习空间是教育领域的一个时髦话题。和任何教学改革一样，我们应该谨慎对待它。空间经过有意识的设计，应该支持和提升项目式学习（以及其他教学和学习），同时也有助于加强文化。如果我们足够有钱，便很容易购买一大堆东西来假装制造变化，但是这并不真正地改变教学。

根据斯科特·多尔利（Scott Doorley）和斯科特·威特霍夫特（Scott Witthoft）在 2012 年的说法，"最好的空间设计塑造态度，激发行为"。换句话说，灵活的学习空间可以鼓励改变，但它本身并不是改变。而且，无论具体情况如何，所有决定都应该基于学生（而不是教师或社交媒体）的最大利益。教师不应该为 Pinterest[①] 设计学习空间，学生应该为自己设计学习空间。如果我们想让学生成为空间设计的主导者，我们可以使用设计思维的一些或全部步骤，让学生重新审视并思考整个教室或其中某些部分的设计。

---

① 一个照片分享网站。——译者注

戴维·索恩伯格（David Thornburg，1999）关于学习空间的原始隐喻可以帮助我们布置教室的不同部分，并规划其使用方式。戴维·索恩伯格认为，学生应该在以下四种空间中分别度过一段固定的时间。这一观点很适合项目式学习。为了说明这种联系，我们在每个隐喻后面的括号里添加了项目式学习的部分。

> 教师不应该为Pinterest设计学习空间，学生应该为自己设计学习空间。

- **篝火晚会**。学生聚集在一起，向专家学习。这个专家不一定是老师。（直接教学）

- **水井**。学生们互相学习，他们既是学习者也是老师。（同伴评估）

- **山洞**。学生在一个安静的私人空间里自己学习。（思考）

- **生活**。学生在做中学，或通过应用他们获得的知识来学习。（创造一个产品）

在 PBL 环境中，不存在完美的布置教室的方式。以下是另外五个注意事项。

**课桌椅**。在《第三位教师》（*The Third Teacher*, 2010）中，运动和物理学家迪特尔·布赖特赫克（Dieter Breithecker）博士解释了许多学校在这方面的失败，他声称："80% 以上的学生课桌椅不适合学生身体的尺寸。"无数的学校和学区继续使用传统的学生课桌椅，因为"一直以来都这么做"。课桌椅很少被视为需要解决的问题，所以保持不变。作为一个成年人，你可以想一想在传统的课桌上度过哪怕一天会是什么感觉。这一定不舒服，也不利于学习！你可以使用站立式办公桌、凳子、瑜伽球、豆袋、地垫、沙发替代传统课桌椅，或者抛弃课桌椅，改用围在一起的圆桌和椅子。

**学生用品**。当我们开始考虑替换课桌椅时，首先出现的一个问题就是学生怎么放置他们的东西。我们鼓励教师与学生合作找到解决方案，而不是自己一人或与同事一起解决问题。我们从来没有见过哪个班级没有能力将学生的物品放在某个集中的位置（例如小柜子）。此外，在我们大多数人的学校中，项目式学习只是学习的一个部分，所以有时我们需要把材料用品存放起来，为其他活动腾出空间。我们最喜欢的储存方式包括洗衣篮（尤其是可堆叠的洗衣篮）、图书馆的旧书架、闲置的储物柜、牛奶箱和带盖的复印纸盒。

**学生展示时使用的媒介**。我们曾经认为学生必须将作文写在纸上，或者用电脑来完成，但当我们搬到一所全新的学校，发现每个教室的后墙都有白板时，这种错误的观念得到了纠正。我们经常利用这些墙让学生进行头脑风暴、画图、张贴和调整便利贴。我们不是为了用这些墙而用这些墙，而是为了实现项目和活动，才充分利用这些白板来促进学习。学生也养成了在需要时使用这些白板的习惯，他们不需要教师的许可。你也可以使用可移动的白板、白板桌、淋浴板（在大多数五金店都能买到，价格便宜），以及许多玻璃表面来达到相似的目的。

**视觉干扰**。越来越多的研究表明，学生被杂乱和过度装饰的教室分散了注意力。例如，卡内基梅隆大学的一项研究（Fisher, Godwin and Seltman, 2014）"发现在装饰太多的教室和房间里，孩子们更容易分心，在学习任务之外花更多的时间；与去除装饰物时相比，他们的学习成果更差"。教师，尤其是小学阶段的教师，应该考虑到这一点。但我们也不应该把它作为借口，完全放弃对美的追求。在项目式学习中，我们可以指定某些墙面空间（例如公告板）来放置与当前项目相关的材料。这样的工作方式可以为每个学生建立常规，同时也让学生养成在房间中获取可用资源的习惯。

**走廊**。我们越来越想继续消除这种学习模式：学生在"盒子"一样的教室里学习，铃声响起的时候上课，铃声响起的时候下课，在指定时间从一个学科换到另一个学科。将目光投向走廊，也许我们可以找到改变的方式。正如普拉卡什·奈尔（Prakash Nair, 2014）提出的挑战性质疑那样："在一天中的大部分时间里走廊都没有人使用。……如果把走廊变成全天都可以用于教学的空间，会怎么样？"我们发现，如果将走廊视为教室的延伸，想法就会源源不断。这种转变开始时可以非常简单：在走廊上放一张沙发，或者告诉一群读者他们可以在走廊上的桌子旁会面。

对于想要引入灵活的学习空间的学校或学区来说，如果唯一的变化是家具，那么我们花费了大量的精力，仅仅是让学生更舒适而已。——这并非不好，但我们可以做得更好。正如丽贝卡·黑尔（Rebecca Hare）和鲍勃·狄龙（Bob Dillon）在 2016 年宣称的那样："我们不是在装饰学习空间。我们是在设计学习空间，促进学习。"我们的教学和学习空间必须齐头并进。


## 依靠共享工具

想想你在进行每个项目时，会向学生分发什么：单页项目指南（单面）、互动指南、进度评估工具、包含所有项目文件的文件夹和 / 或包含所有项目相关资源的数字中心（网站或学习管理系统）。所有这些共享工具为教师、学生和家长创造常规，并有助于减少这一过程中可能出现的混乱。

关于上述材料的讨论散见于本书各部分，在此，我们详细回答与我们交流过的教师经常提出的问题。请记住，在努力实现学习目标的过程中出现的积极困境和由于计划不周造成的混乱是不同的。在制作材料时注意细节，将帮助我们实现前者，同时也有助于我们获得更顺畅的整体学习体验。

## 项目指南

在准备一个 PBL 单元时，我们常常觉得在学生开始学习之前，我们有很多关于项目的内容要与他们分享。因此，我们在创建指南时必须运用批判性的眼光。我们要审查项目的组成部分，思考总体任务、学生将获得的资源、学生将使用的材料，以及发布工作的网站和工具。我们要决定为哪些信息提供指南，让学生能持续推进项目、获取必要的信息，同时要避免提供过于详细的、万无一失的步骤。项目指南应该解决学生可能遇到的程序性问题，而不能消除我们希望他们经历的积极困境。可以用一张 A4 纸的单面呈现项目指南。

在创建项目指南时，一定要注意以下八点。

**基本问题**。一旦你确定了项目的基本问题，就要确保在学生参与项目的过程中，无论他们处在什么位置，这个问题都能"击中要害"。把它放在所有与项目有关的材料的最前面，比如项目指南中。

**检查点**。在学生参与项目式学习时，我们千万不要等到最后才去查看他们学到了什么。换句话说，不能对最终产品一无所知。你需要在特定的时间点与学生讨论他们的工作，让他们获得你的许可之后再继续下一步。例如，如果你知道第 3 步可能是学生的一个潜在障碍，那么指南中对第 3 步的描述应该是这样的："与教师会谈，获得许可后再继续。"这些会谈可以是第三章中描述的典型会谈，也可以是一次快速检查，目的是确保学生走在正确的道路上。

**形成性评估**。让学生知道正式的形成性评估在何时进行。进行形成性评估的理想时间是在项目的转折点（活动内容有明显转变时）。

**终结性评估**。告知学生终结性评估（如果有的话）将如何进行。例如，指南的末尾可以这样写："在本单元结束时，我们将进行一次测验。"我们通过这种方式，告诉学生他们将如何对学习负责。

**格式**。在编写完指南之后，设法将某些部分分解成几个步骤或要点列表。这些小调整可以帮助学生更容易地阅读指南，他们需要在整个项目中遵循和使用这些指示。

**主题设计**。我们刚开始实施项目式学习时，所有项目指南都是相当正式且缺乏想象力的，大多是一大篇白纸黑字。后来，考虑到图像容易唤起情感，我们开始做一些主题性的指南，比如在餐厅评论项目中，把指南做成餐厅菜单的式样；学习植物生长时，把指南放进餐盒中（"舌尖上的绿色美食"项目）；做太阳能汽车项目时，在指南中插入电子游戏的图形。

**主题字体**。如果你的项目指南有特定的主题，你可能会想使用相关的字体来配合。例如，我使用了一个"愤怒的小鸟"字体来配合我的"愤怒的动物"项目。很多网站都有免费且很有辨识度的字体。快速搜索一下，你就可以学会安装字体，这些字体在任何应用程序中都能使用。

**提供电子版**。如果有可能的话，就发布指南的电子版，可以发布在班级网站、项目的数字中心（本章的后面会有更多关于数字中心的内容）、学习管理系统中，或者发布在谷歌的共享云盘上。这样一来，学生（可能还有他们的家人）就可以随时随地访问这些文件。如果有学生将项目指南弄丢，他们就可以轻松下载一份，而不必再找你要。

## 互动指南

在我们所有的项目一贯使用的材料中，这是最颠覆传统的一种，而且每当我们在演讲中展示它时，人们总是感到意外和惊喜。

互动指南（见表 6.1）是学生随着项目的推进，逐步填写的指南。以下是"愤怒的动物"项目互动指南的第一页。

**表 6.1　互动指南**

<table>
<tr><td colspan="3" align="center">**愤怒的动物**<br>**如何帮助它们？**</td></tr>
<tr><td>**动物**</td><td colspan="2"></td></tr>
</table>

<table>
<tr><td colspan="3" align="center">**动物背景信息**</td></tr>
<tr><td colspan="3" height="120"></td></tr>
<tr><td colspan="3" align="center">**详细描述该动物当前面临的问题**</td></tr>
<tr><td colspan="3" height="120"></td></tr>
</table>

与教师会谈并获得许可

<table>
<tr><td colspan="3" align="center">**我的详细计划，为什么这个计划能帮助这种动物**</td></tr>
<tr><td colspan="3" height="120"></td></tr>
</table>

| 步骤 | 时间线 | 由谁负责 |
|---|---|---|
|  |  |  |
|  |  |  |
|  |  |  |
|  |  |  |
|  |  |  |
|  |  |  |
|  |  |  |
|  |  |  |

与教师会谈并获得许可

正如你看到的那样，互动指南与常规项目指南类似，但存在以下区别：

- 你以数字方式创建和分发文件（例如通过谷歌文档和谷歌教室）。如果是个人项目，每个学生都会收到一份副本。如果是小组项目，你可以给每组发一份副本，或者给每个小组成员发放副本。无论你采用哪种方式，你都要确保你对所有文件有编辑权，这样你就可以跟进学生的进展并插入评论。
- 该文件主要包括帮助文本（灰色）与学生可以插入文本的空白处（白色）。你可以在文件中插入表格和单元格并设置相应的格式。不管学生选择遵循什么流程，你都应基于每个学生或小组需要完成的任务来创建帮助文本及学生需要填写的内容。

还需要补充三点：

- 你可以插入常规项目指南中的检查点（"与教师会谈并获得许可"）。
- 注意不要过度设置支架。把互动指南看作一种有温和提醒功能的组织工具。它能使学生的注意力集中在内容和学习目标上，同时帮助你更好地掌握学生的项目进展。
- 如果你想教学生如何组织他们的工作，你的目标可以是最终去除这个支架。

首先，创建项目的常规指南和进度评估工具。然后查看常规指南，并问自己："有哪些事是无论学生选择什么样的流程都需要做的？"根据这个问题的答案来设计互动指南。不要让互动指南限制可能性，或扼杀学生的创造力。如果方法正确，互动指南应该成为常规指南的自然延伸，学生应该能够轻松地在两者之间建立联系。

你每次推出一个项目时，都要确保你的学生理解常规指南和进度评估工具，你还要花时间审查项目的数字中心。互动指南可能很长，因此你可以决定在项目的第一或第二周只解说学生需要了解的步骤。然后随着项目的推进，在必要时再讨论其他步骤。这种方法可以避免让学生感到不知所措，甚至在项目真正开始之前就扼杀了他们的热情。

## 进度评估工具

我们已经介绍了评估、评分和进度评估工具。然而，还存在一个问题：学生可能因学习目标过多而感到困惑，或者不堪重负。如果学生不理解我们使用的语言，或者没有理解所有的目标需要在整个项目期间逐步实现，而不是立即实现，就可能会出现这个问题。

让我们来看看这两个问题的解决方案。我们应该意识到，在面对某些学生如小学阶段的学生时，我们可能必须同时解决这两个问题。

**语言障碍**。如果语言可能是障碍，你要确保所有的学习目标都是用学生容易看懂的语言书写的。如果学生理解学术语言有困难，你就要给学生介绍背景知识。介绍背景知识的时机可以是介绍项目之前，或是介绍项目之后但在分发进度评估工具之前，或是分发进度评估工具的时候。你可以给学生提供整个项目中使用的关键词汇的术语表，包括进度评估工具中的学术语言，来提供额外的支持。这个术语表可以供学生参考，指导他们独立工作，而不仅仅是用来记忆某些概念的工具。

如果学生在阅读方面有困难，以下有四个选项，其中一些也可以用于创建术语表。请选择一个选项或将多个选项组合使用。

- 尽可能地减少文字。
- 使信息可视化，如使用图画、照片和表情符号。

- 提供学习目标和成功标准的音频版本。如果你使用的是纸质版的进度评估工具，可以使用二维码链接到音频文件。如果你使用的是数字版本，可以插入音频文件的链接。考虑提供其他项目材料（如项目指南等）的音频版本。

- 如果你教的是小学阶段的学生，你可以将每个学习目标与其成功标准结合起来，创建更详细的目标。这样，你就可以删掉成功标准一栏，从而简化项目评估工具。

**时间问题**。这个问题可以分成两种情况。在第一种情况下，学生的年龄足够大，或者对内容足够熟悉，学生能明白，或者经过老师的简单解释后就能明白，所有的学习目标都需要在一个较长的时期内完成。更具体地说，他们知道，尽管进度评估工具上有多个学习目标，但并不是所有的目标都需要立即实现；他们还需要教师更多的指导，或者目前他们在项目中还没有进行与具体目标相关的工作，或者他们还需要更多的时间来工作。根据我们的经验，小学二三年级的学生都能明白这些。

在第二种情况下，你可能会担心，当学生想不清楚不一定要立刻实现所有的学习目标时，他们会不知所措。以下是处理这一问题的三个可行的方法：

- 在每个学习目标的旁边插入一个小复选框，在学生学习了相关知识，可以将相应的目标纳入项目时，我们可以让他们勾选这个目标。（这个想法来自康涅狄格州诺沃克市罗威顿小学的一位一年级教师。）

- 如果当天的工作与某个特定的学习目标有关，让学生用彩笔标示出这个目标，以便将他们正在做的事情与学习内容联系起来。如果使用的是纸质版的进度评估工具，让学生把纸放在透明的塑料文件夹里，然后在文件夹上标示，之后可以把标记擦掉。如果使用的是数字版本，请帮助学生高亮显示文本。

- 不要一次性分发整个进度评估工具，只给学生当前要纳入项目的学习目标。例如，学生可以从两到三个学习目标开始，每次增加一到两个，直到项目完成。如果你使用的是纸质版的进度评估工具，让学生把他们的目标粘在背景纸上，或者把新的目标钉在旧的目标上。如果你使用的是数字版本，访问学生的进度评估工具，在适当的时候添加新的学习目标。

## 项目文件夹

尽管许多学校最近已经实现了无纸化教室，这是一种巨大进步，但我们仍然觉得学生应该拥有某些纸质材料，特别是那些他们在整个项目中需要经常参考的材料。建议在每个项目开始的时候，给学生一份纸质版的项目指南，可能还有一份纸质版的进度评估工具。即使你使用的是数字版本，你仍然可以发一份纸质版以供参考。

在我们的课堂上，在学生收到项目的启动材料并且我们对基本问题达成共识之后，我们就会给每个学生一大张背景纸或图表纸，让他们对折，作为所有项目相关文件的文件夹。然后，给学生大约 15 分钟的时间，让他们用项目的标题、基本问题、他们的名字和项目相关的设计来装饰文件夹。实施小组项目时，如果学生给小组起了名字或设计了标识，通常也会放在文件夹上。

## 数字中心

我们还可以为学生（及其家长）创建一个一站式商店，帮助他们在整个项目期间访问所有与项目有关的资源。我们可以用学生熟悉的方式来组织数字中心，这有利于把材料分配到每个部分。

以下是我们各个项目中相对一致的部分。

**第 1 部分：项目。**这里包含整个项目涉及的材料，例如项目指南、互动指南的链接、进度评估工具、术语表，以及项目期间使用的流程信息（如设计思维或设计流程）。

**第 2 部分：课程内容。**这里放置与学习内容相关的材料，例如微课和长课的讲义、文章和视频（按照教学的顺序排列）。如果材料过多，你可以根据主题将它们分成多个子部分。你可以在项目开始时发布所有学习资料，不过可能需要根据学生的要求和需要在项目进行的过程中添加更多的材料。你也可以在讲授某部分内容时发布相关材料。

**第 3 部分：研究。**如果你要给学生提供外部链接用于研究，可以按主题（然后按媒介）组织这些链接。

你也可以根据你的喜好、学生的需要和项目的性质来创建数字中心的附加部分。例如，你可能想设置一个工具部分，用于存放学生可能需要使用的所有技术工具（如网站、应用程序）。你也可以将学生需要在多个项目中使用的资源（有关合作、公开演讲或幻灯片设计的资源）放置在与特定项目分开的地方，如专门的网页。

**平台。**你可以创建一个网站或博客（Google Sites、Blogger、WordPress.com），给每个项目一个专用的页面，也可以用学习管理系统（Canvas、Schoology、Google Classroom）。如果你制作网站，任何人都可以访问（当然你也可以添加密码保护），这是优点也是缺点。而学习管理系统是封闭的生态系统，不会有人通过搜索意外发现，因为它们只能通过密码访问。许多学习管理系统都提供了通过论坛、博客和维基来进行互动的选项。

一个不太常见的选择是将所有材料上传到谷歌云盘或类似平台上，然后将链接发给学生。如果你进行的是短期项目，需要的材料较少，那么这种方法快速且简单。最后，最简单的数字中心可以只包含一个云文件，其中汇总了所有材料的链接。

## 注意时间安排

我们在与学生共同推进一个项目时，通常不喜欢指定一个具体的截止日期，因为不灵活的时间安排通常会导致以浅层次的内容为优先，而忽略了学生的个人需求——教师如果被迫遵循严格的进度安排也会这样。我们更愿意给出一个大致的项目持续时间（例如，四到六周），不断衡量学生的学习情况，并最终根据学生的进展来指定项目截止日期。针对项目中的某些步骤可以有阶段截止日期（"第 3 步应该在本周五之前完成"），而其他截止日期可能是针对整个项目（"周一需要提交所有作品"）。当然，个人和小组会以不同的速度学习并完成他们的项目，他们可能会遵守自己设定的阶段截止日期。在支持学生、指定截止日期和接受工作时，我们要尽可能地尊重这些差异。

当一个项目开始拖延超过预定的周数时，问题就会出现。其结果是，学生需要花费更长的时间来展示对内容的深入理解，而无法关注乃至完全遗忘其他学习。正是这种困境给项目式学习带来了不好的名声，因为教师们大喊："没有时间了！"

下一页的克服 PBL 障碍图包含四个时间管理提示。

## 最后的思考

*埃琳*：在我担任中学校长助理的第一年，查理是一个八年级的学生，我和他都花了很多时间来了解对方。查理在传统的课堂上很引人注目，因为他不肯待在教室的座位上。他与同学们的互动经常很尴尬。他总是在说话前忘记举手，也从不记得带笔来上课。从某种程度来说，每个人都知道像查理这样的学生是什么样的。

然而，当查理在科学课上参与一项设计挑战时，神奇的事情发生了。

# 克服 PBL 障碍图

## 四个时间管理提示

项目式学习的新手应当从较小的项目开始，比如让学生都做相似的产品（如播客），但给他们一些自主权来灵活决定过程和最终的产品。这属于产品型项目。

计划的时候，少即是多。我们把计划写在纸上，计划多看起来很不错："学生先做这个，后做这个。"实际上，项目需要的时间总是比想象中更长。如果计划太多，我们最后不得不二选一：在项目没完成的时候就叫停，或者拖拖拉拉，最后痛苦地完成。

一个项目该持续多长时间由以下因素决定：学生的优势和需求，我们自己的舒适度，内容的要求，可用的资源，每日／每周用于项目的时长，以及每日／每年需要学习其他内容的时长。

你可以按周制订项目计划，定期与学生沟通，把计划放在项目的数字中心。同时也要考虑到，计划也可以变化。

那个任务是设计和建造一个可以承担一定重量的漂浮装置。人们在上面不断增加硬币时该装置仍然保持漂浮。有趣的是，在普通课堂上让查理显得不合群的所有行为，在这个新环境中都成了他的财富。他不肯安静下来，他坚持不懈，致力于解决各种问题。他的坚持让他获得了成功，因此同学们都来到他身边请求帮助。这种新的目标感和信心使查理与同伴建立了联系。

教师对课堂的组织很重要，我们在推出项目式学习时，对细节的关注也同样重要。我们做出的每一个决定都会促进或阻碍学生的学习体验。当我们积极主动地控制混乱时，所有人都能取得更多的成就。

# 第七章

# 真实的问题：
# 探究与 PBL 有什么关系？

我们相信，好的探究不等于让学生去发现要学的东西。

——约翰·拉尔默（John Larmer），

约翰·默根多拉尔（John Mergendoller）和苏西·博斯（Suzie Boss），

《为项目式学习设定标准》（*Setting the Standard for Project Based*

*Learning*）作者

探究式学习可以被定义为"从提问、待解决的问题或情景开始的学习——与之相反的是简单地呈现既定事实或描绘一条通向知识的平坦道路"（Fang 和 Logonnathan, 2016）。这个定义指出了探究与直接教学的区别，这两者通常被视为教学的两种主要方法。指出这种区别并不是说教师必须在两者中选择一个。正如我们之前所讨论的那样，在整个项目式学习中肯定有直接教学的空间，而探究的元素也可以存在于直接教学中。

因为探究可以应用于日常教学，而不仅仅是通过项目式学习的方式应用于整个单元，所以探究可以成为想要最终实施项目式学习的人的一个切入点。在阅读过程中，请思考如何将本章的内容应用于项目式学习中，同时考虑如何将这种探究思维运用于持续时间较短的教学体验中，如课程、活动和表演任务。

我们中的许多人在很久以前就下定决心，不要用直接教学、背诵和复述事实以及做练习来支配课堂时间。探究是一种方法，我们可以用它来形成更以学生为中心的体验。

然而，只是告诉自己我们需要进行更多的探究，就像教师只是告诉学生"检查你的工作"或"好好合作"一样；虽然我们想做得更好，但不一定知道如何做。而如果没有明确的策略，这种雄心壮志通常会带来焦虑。为了避免焦虑，也为了取得进展，我们需要深入研究细节，尽可能地明确做法。对于"需要明确"这点，我们也需要明确：使用具体的策略，为了学生的利益向前推进，同时对此自信从容。


## 真实的回答：考虑探究的三个切入点

教师必须有意识地进行教学规划。为此，我们找到了探究式学习的三个具体切入点。这些切入点可以被看作我们规划教学时的思维框架。

## 改变教学顺序

丹·迈耶（Dan Meyer）曾是一位数学教师和探究式学习的倡导者。他在 1 分 37 秒的视频《可汗学院做愤怒的小鸟》（2012）中，很好地抓住了探究的核心，并将它与渐进式教学相对比。在视频中，他的结论是"当我们把解释放在第一位时，我们会得到糟糕的学习和无聊的学生"。该视频说明了我们如何通过简单地改变教学顺序，从渐进式教学转向探究。尽管在项目式学习中，用微课和长课等形式渐进式教学是合适的；但如果渐进式教学取代了项目式学习或探究而成为一种主流方法，这就有问题了。

**表 7.1　渐进式教学与探究的对比**

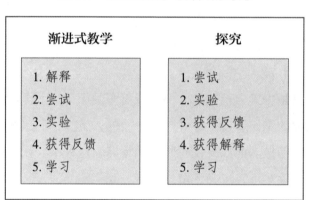

| 渐进式教学 | 探究 |
| --- | --- |
| 1. 解释 | 1. 尝试 |
| 2. 尝试 | 2. 实验 |
| 3. 实验 | 3. 获得反馈 |
| 4. 获得反馈 | 4. 获得解释 |
| 5. 学习 | 5. 学习 |

改编自这段视频的表 7.1 比较了这两种方法。若用更简单的语言来解释，渐进式教学意味着：

1. **我做**。教师解释。

2. **我们做**。教师继续解释，学生参与。

3. **你做**。探索尝试，类似于学生独立完成同样的事情。

在渐进式教学中，在学生探索尝试的过程中或结束后，教师会给出反馈。最后，整个班级讨论他们学到的东西。

根据上表的右栏，探究开始于：

1. **你做**。学生探索尝试。期间和之后，学生可以从教师、同伴和自己那里得到反馈。他们可能需要提前了解一些背景知识。

2. **我们做**。当学生聚集在一起讨论和澄清他们所发现的东西时，解释就会发生。解释来自学生，可能需要教师的帮助。

3. **我做**。这时教师提供直接教学，强化学生应该学到的东西，同时也可以纠正学生的错误观念。

你在使用这种方法作为切入点时，要问自己一个问题："在学习过程中，我如何尽可能地推迟直接教学（我做）？"

当我们考虑这种方法如何适用于项目式学习的整个单元时，就又回到了第四章中关于是否主动教授内容的问题。"对大多数学生来说，提前'喂'给他们这些信息，与让他们自己努力获得这些信息相比，哪一种做法更好？"渐进式教学默认的是主动使用直接教学，希望能实现无错学习。探究式教学默认的是尽可能推迟直接教学，让学生通过积极困境来学习。

滥用渐进式教学的一个潜在问题是，学生以为自己理解了，而实际上他们只是在模仿老师的做法。例如，在教授同分母分数的加法时，教师可以强行向学生灌输公式：分子相加，分母不变。然后，学生可以完成许多与老师展示的问题相同（只有数字改变）的问题。这是所谓的鹦鹉数学，"这种方法暗示着，孩子们可以通过无意识地模仿教师实现学习。问题是，鹦鹉能理解吗？"（Van de Walle，1999）是的，我们最终可能会得到数学题的正确答案，但这些答案并不一定表明学生明白除了能得到一个好成绩之外，这样做的原因。

最后，我们可以回忆一下上课时老师宣布的内容："通过这个活动或实验的结果，你会发现［xx 概念］。"这种模式要求学生克服重重障碍，得出一个预定的结果。另一种模式是探究过程，将教师的解释放在学生探索之后。即使学生已经预感到结果可能是什么，但至少我们不会因为提前泄露结果而完全破坏了惊喜。

## 与学习正面相遇

学习的切入点也要求我们从不同的角度重新考虑教学的顺序。你可以想象一下以下两个场景。

场景 1。一个六年级学生已经在不同学科领域中学习了分数、测量、面积、周长和绘画。现在他对所有这些知识都很熟悉了。老师给了他一个他觉得意外的任务——为学校的户外教室建造围栏。（先学，再用这些知识做点儿事情。）

场景 2。一个六年级学生想做建筑项目。他努力学习分数、测量、面积、周长和绘画。最后，他可以建造围墙。（首先存在一个挑战，你为了解决问题，去学你需要的知识。）

是不是第二种比较好？在第二个场景中，学习是在真实的环境中进行的，学生有学习的动力。另外，在场景 2 中，学生在开始应对挑战之前不需要具备所有的先决知识；他知道自己需要做什么，为此去获得必要的专业知识，这与我们在现实世界中的情况类似。然而，想想我们有多少次听到"学生在学完［某章节或主题］之前，不能学习［某章节或主题］"。这种认为学生必须以无错误、线性的方式学习的想法是完全不符合实际情况的。

在《解决单元设计中的 25 个问题》（*Solving 25 Problems in Unit Design*, 2015）中，威金斯和麦克泰格也赞成这种观点：

在体育运动中，你不是先孤立地学习规则和基本技能再上场比赛。在艺术中，你不需要先背诵色彩混合结果、学习画笔知识，再绘画。

除了这种线性的方式之外，另一种方法是设计学习经验，迫使学生与我们想让他们学习的东西正面相遇。我们想让他们学习的东西可能跨越多个章节、主题，甚至是学科领域。场景2体现了这种方法如何适用于项目式学习。如果我们需要学生学习分数、测量、面积、周长和绘画，我们就给他们一个项目，要求他们学习这些内容。为了进一步确保这种正面相遇发生，我们可以在项目指南和评估中为学生指出这些内容的方向。

对于单节课，同样的方法也适用，只是这种"碰撞"发生在一两节课上，而不是整个项目延续的时间里。下面是两个具体的例子。

例1。我想让我的学生学习植物细胞的各个部分，并对它们进行批判性思考。因此，在我给学生提供了关于植物和细胞的背景信息后，他们的任务是形成一个论点，说明植物抛弃了植物细胞的哪一部分后最有可能存活。学生的论点必须充分考虑到细胞的所有部分。

例2。我想让我的学生学习运算顺序（先算括号里的，再乘方，再乘除，最后算加减），并能用它解决数学问题。因此，在我简单地告诉他们运算顺序后，他们的任务是创造三个符合以下条件的问题：如果从左到右运算，结果是错误的，必须按照运算顺序才能得出正确答案。六种运算中的每一种都必须至少使用一次。

我们可以在每个例子的末尾加入直接教学，将学生的探索与我们希望学生学习的内容联系起来。

## 揭示理解

大约十年前，我们许多人开始将《共同核心数学标准》纳入我们的工作。在这个过程中，我们与本地区的教师合作，创建符合共同核心标准的数学题。一般来说，我们会拿出以前的题，在最后加一句"解释原因"，然后就说这道题已经符合共同核心标准了。当然，回过头来看，这个过程非常讽刺。我们希望学生解释其工作，以证明他们理解了；但作为教师，我们不明白为什么要在问题的结尾加上"解释原因"。

我们真正理解时，就能以一种灵活的方式思考事实和概念。我们可以通过解释、证明、展示、应用和争论来展示这种理解。当我们要求学生展示作品时，可以把所有这些动词作为选项。同时，死记硬背的特点是无脑重复——学生模仿老师，却不理解他们为什么要这么做（鹦鹉数学就是这样的例子）。

让我们展示死记硬背和理解性教学的两个不同场景。我们首先要看一下死记硬背的教学意味着什么，然后再看一下理解性教学意味着什么。

### 场景一

**死记硬背**。土拨鼠日之后，一群幼儿园的孩子想知道为什么有些土拨鼠能看到自己的影子，而有些不能。老师向他们解释说，土拨鼠能否看见自己的影子取决于土拨鼠与太阳的位置关系。

**理解**。土拨鼠日之后，一群幼儿园的孩子想知道为什么有些土拨鼠能看到自己的影子，而有些不能。老师带着学生在学校外面走了二十分钟。在这段时间里，学生记录他们什么时候看到了自己的影子，什么时候没看到。之后他们回到教室进行讨论，在这个过程中他们发现能否看到影子取决于他们与太阳的位置关系。[这个活动是由幼儿园老师卡伦·斯特林斯基（Karen Sterinsky）主持的。]

场景二

**死记硬背**。该学习美国《权利法案》了。老师告诉学生："今天我们要学习《权利法案》。"然后她一个一个读修正案，并介绍每个修正案背后的历史。她讲课时，学生做笔记。在这一周的晚些时候，学生进行测验，将每个修正案的编号与内容匹配。教师还要求学生写几句话来解释每个修正案的历史。

**理解**。现在是学习《权利法案》的时候了。教师分发几个对公民权利和行动的不同场景的描述（例如，在当地公园举行抗议活动），要求学生在小组中确定公民是否被允许从事该情景中所描述的活动。在学生对场景进行分类之后，教师给他们《权利法案》的副本，要求学生检查自己的判断是否正确，并引用修正案作为依据来支撑自己的判断。最后，大家集中在一起，一个一个讨论或辩论这些场景。

在这两种场景（以及包括渐进式教学的无数其他场景）中，死记硬背的方法可能有欺骗性，因为学生能在很短的时间内表现得好像知道自己在做什么，但如果你进一步追问，就会发现学生缺乏理解。同时，努力建立理解可能意味着花更多的时间介绍概念，但不必花那么多时间重复教好几遍或重复做练习。

尽管这个切入点与前一个切入点之间的区别很微妙，但比较起来，"正面相遇"让学生想到，"为了成功，我首先需要学习……"，而"揭示理解"则要求我们设计一个场景，让学生通过至少一次"恍然大悟"的时刻学会某个概念。

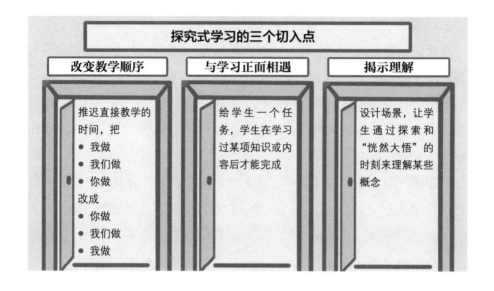

| 探究式学习的三个切入点 | | |
|---|---|---|
| **改变教学顺序** | **与学习正面相遇** | **揭示理解** |
| 推迟直接教学的时间，把<br>• 我做<br>• 我们做<br>• 你做<br>改成<br>• 你做<br>• 我们做<br>• 我做 | 给学生一个任务，学生在学习过某项知识或内容后才能完成 | 设计场景，让学生通过探索和"恍然大悟"的时刻来理解某些概念 |

## 探究式学习的驱动因素

在接下来的四节中，我们将逐一介绍促进探究时需考虑的四个因素：以终为始、提问、制约因素和积极困境。我们认为，这四点以及合作（第五章）和反馈（第二章）既是探究式学习的六个驱动因素，也是我们在实施探究式学习时应该始终考虑的策略。虽然不是每堂课或每项活动都必须有这六个因素，但我们相信，一旦我们（和学生）能从容驾驭探究式学习，所有的因素都会自然而然地定期（乃至每天）出现在学习经历中。

### 以终为始

在学习过程中，学生应该了解他们的学习目标。一节课有一到两个学习目标，项目式学习有八到十个学习目标，还有一些持久理解。

为了促进探究，我们在使用学习目标时要认真思考何时向学生介绍这些目标。若过早地透露目标，就会像喜剧演员在笑话还没开始之前就抖出包袱一样，破坏悬念。例如，如果我们要教幼儿园小朋友做加法，我们不能一开始就说："今天，我们要学习加法！"我们甚至不会使用"加法"这个词，而是让学生把教具放在一起，然后用图画，最后用数字。这时我们才引入"加法"这个词，告诉学生他们正在做的事情是加法，并让他们知道怎样正确做加法。

可以考虑让学生决定如何达成目标。我们听到的很多教育谈话宣称"过程比结果更重要""应该由学生来定义过程"。有时我们觉得，虽然话是这样说，但人们没有真正听到或理解。为了理解这些话，我们可以把学习想成 GPS。我们希望所有学生最终都能到达同一个目的地（学习目标），但每个学生的路线（过程）会因为不同的起点、愿望和需求而有所不同。简而言之，对学生来说，可能有不止一种正确的方式来达成学习目标、展示学习。

**表 7.2　创建学习目标**

| 创建学习目标：从每栏中选择一个 | | |
|---|---|---|
| ☐ 教师选择目标<br>☐ 教师选择目标，允许学习迂回<br>☐ 学生选择目标<br>☐ 学生创建目标 | ☐ 以这种方式达成目标<br>☐ 选择这些方式之一来达成目标<br>☐ 自由选择达成目标的方式 | ☐ 这个时间必须完成<br>☐ 必须在这个时间提交，可以继续修改<br>☐ 自由选择节奏 |

表 7.2 使这个 GPS 的比喻更加具体，它说明了学习目标对学习的影响程度不同。从上到下，选择的范围逐渐扩大。例如，如果从每一列中选择第一个，我们可以得到"教师选择目标，以这种方式达成目标，这个时间必须完成"。这是一刀切的方法，学生没有选择。另一个极端是，"学生创建目标，自由选择达成目标的方式，自由选择节奏"。这条路与

个性化学习相似。

虽然这张表格通过不同的组合说明了学习目标的灵活性，但并没有涵盖所有的可能性，因为我们可以多选。例如，对于第二栏，教师可以说："选择这些方式之一来达成目标，但经过教师批准后，你也可以用自己的方式。"我们的目的并不是要生成没有遗漏的图表，而是要提供一些关键的选项，以强调学习目标可以被用来支持从直接教学到个性化学习的任何教学方法。很多时候，通过学习目标的视角来审视时兴的教学方法可以使生活更轻松。

最后，表 7.2 适用于以活动或表现性任务形式进行的短期学习。对于整个单元来说，我们可以把学习目标换成基本问题或持久理解，创建相似的图表。

## 提问优先

要促进探究，可以从改善我们的提问技巧开始。以下是两个快速提问技巧：

- 我们根据我们认为学生会如何反应来设定问题。一个问题的好坏取决于它引起的反应。

- 最终要实现的目标是学生提出并探究他们自己的问题。但这一目标不是随便就能实现的。

以下是三种支持提问和探究的方法。

**布卢姆分类法和韦伯的知识深度理论。**布卢姆分类法最初由本杰明·布卢姆（Benjamin Bloom）于 1956 年创立，它包括六个层次：知识、理解、应用、分析、综合和评价。2001 年，他以前的两个学生安德森（Lorin W. Anderson）和克拉斯沃尔（David R. Krathwohl）对该分类法进行了修订，改为六个动词（原分类法为名词），其复杂程度依次增加，分别为：记忆、理解、应用、分析、评价和创造。另一个选择是知识深度理论（Depth of Knowledge，简称 DOK），是由诺曼·韦伯（Norman Webb）在 1997 年创建的。DOK 包含四个层次，复杂程度依次增加：回忆、技能或概念的基本应用、战略思考和扩展思考。

这些工具可以帮助我们根据我们希望实现的复杂程度，有意识地设计问题、活动、任务乃至整个项目。然而，我们还必须把以下因素纳入考虑：学生已有的知识，学生将如何回应我们的问题、活动、任务和项目，以及我们提出这些计划内容的情境。所有这些因素都会影响学习。此外，我们不能以为，学生应该一直在最高水平上学习。正如卡琳·赫斯（Karin Hess，2018）所说的那样："这贬低了基础性和概念性理解在为更深入的思考奠定基础方面所起的作用。"

我们可以让学生使用这些工具，协助他们提出（然后探究）自己的问题。

**少即是多。**罗斯：我仍然清楚地记得，当我还是一名四年级教师时，我主持了一次教师培训会议。那次会议的驱动问题是："如何通过更少的问题来加深理解？"教师们分析了本学区阅读项目中的一个半截的故事，以及出版商提供的十个阅读理解问题。在深入研究这些问题的过程中，教师们发现，回答这些问题不需要进行高阶思考。因此，教师们想出了两到三个问题以取代这十个问题，这些问题能促使学生进行高阶思考，并且包含了十个问题中的大部分内容。教师们还提出了一个能让学生探索这些新问题的思考程序。这种程序很有必要，因为如果我们用问"浅"问题的方式来问"深"问题，我们很可能会继续得到浅薄的答案。思考程序为高阶思考的发生创造了条件。

**学生，而不是教师，应该提出大部分问题。**但这说起来容易做起来难。我们希望学生提出能带来有意义的学习的深层次问题。与其告诉学生什么样的问题是深层次问题，不如让他们自己去发现。下面是我们和学生一起组织的一个活动：

1. 老师告诉学生，深层次问题和浅层次问题的区别在于，深层次问题需要更多的思考。

2. 学生单独阅读一篇文章。他们有了有趣的问题时，就会把它写在便利贴上，然后再贴在故事中对应的空白处。

3. 读完故事后，学生以小组为单位，逐一阅读其他人的问题，然后在墙上或者课桌上，把这些问题排序（由深至浅）。

4. 班级集合到一起，分享彼此的问题、笔记和排列顺序。通过讨论，他们总结出深层次问题的特征。

深层次问题的特征可能包括：它们引发有趣的对话或争论，它们让我们思考大量的信息，而且它们永远无法真正得到解决（就像基本问题）。如果我们想组织一个类似的活动，并给学生更多的支架，我们可以先告诉他们深层次问题的特征，然后让他们找到并讨论符合这些特征的问题。我们还可以修改这个活动，使它与其他媒体协同工作，如视频和音频等。

下一页的克服 PBL 障碍图提供了另外三种我们可以让学生自己提出问题的方式。

我们还建议大家研究一下"问题制定技术"。丹·罗思坦（Dan Rothstein）和卢斯·桑塔纳（Luz Santana）在他们的书《只做一个改变》（*Make Just One Change*，2011）中介绍了这个方法。你使用这种方法时，学生会收到一个提示——他们需要用一个问题来回应。然后，学生完善这些问题，优先选择最相关的问题，并评估自己的工作。他们最后提出的问题成为学习课程内容的跳板。

学生提问是探究的一个必不可少的因素。学生不仅应该提出自己的问题，还应该有机会探索并根据自己的好奇心采取行动。

# 克服 PBL 障碍图

## 三种让学生提出问题的方法

---
**一**
---

### 对学生的问题做出恰当的反应。

学生可能形成了这样的条件反射，以为如果自己的问题和当前的学习内容（或者任何课程内容）无关，这个问题就没有意义。如果无论学生提出什么内容的问题，我们都真诚地回应，就会给学生一个信号，让他们知道我们在意他们独特的好奇心和兴趣。这样一来，学生就可能提出更多问题。

---
**二**
---

### 让学生使用自己的问题。

但是，如果我们不允许学生对这些问题采取下一步行动，那么这些问题也就意义不大了。有些时候，如果不是离题太远，我们可以立刻处理这些问题。其他时候，学生可以在日志或教室指定地点记录这些问题，然后在指定的时间（例如"天才时间"）研究这些问题。

---
**三**
---

### 教师提出自己的问题。

如果只有学生问问题，他们可能会以为这不过是学校的常态。所以，在学生提问题的时候，教师也可以提问题。当学生探究自己的问题时，教师也可以这样做，同时协助学生学习。教师在和学生分享问题时，也就示范了想让他们提出哪类问题。

关于课堂提问的深入指导，请参见 2019 年出版的《破解提问：在课堂上创造探究文化的 11 个答案》（*Hacking Questions: 11 Answers that Create a Culture of Inquiry in Your Classroom*），作者是康妮·汉密尔顿（Connie Hamilton）。

## 充分利用制约因素

在《启动》（*Launch*，2016）中，约翰·斯潘塞（John Spencer）和 A. J. 朱利亚尼（A. J. Juliani）宣称："一些人认为，创造力是完全自由的结果。现实却恰恰相反，创造力往往源于痛苦和冲突。它始于我们遇到的问题以及时间、资源和信息上的限制。"换句话说，我们是在盒子里思考。盒子的特征由约束或限制条件决定，我们必须直面这些限制条件。为了说明这一点，约翰·斯潘塞和 A.J. 朱利亚尼讲述了阿波罗 13 号的故事：美国宇航局的工程师们为了拯救宇航员的生命，确实把方钉子塞进了圆洞里。当然，他们还受到其他限制，如时间紧迫（宇航员的氧气快要耗尽了）、手头物资有限，以及必须将最终计划传送到航天飞机上所要面临的困难。

让我们看看如何利用制约因素来促进探究。我们将展示用两种不同的方式来进行扔蛋项目——没错，就是那个扔蛋项目。在项目中，学生要给鸡蛋设计一个保护性的包装，让鸡蛋从高处掉下后仍保持不碎。

**体验 1：在航空营地扔蛋**。*罗斯：*我八岁的时候参加了一个航空主题夏令营，特别喜欢扔蛋项目，至今记忆犹新。过程差不多是这样的：营员有一大堆可以用来建造鸡蛋保护包装的材料。我的最终产品由空饼干盒、花生形泡沫填充物、胶带等组成。我的鸡蛋从营地大楼顶上掉下来后完好无损！

**体验 2：四年级的扔蛋项目**。作为四年级的老师，我主持了这次活动。学生采取了一种将设计思维与科学方法相结合的方式。以下是我们遵循的大致步骤：

1. 全班同学一起从消费者的角度出发，探寻理想的鸡蛋包装的属性：有保护性、尺寸小、能隔离冲击、外表美观。

2. 学生以小组为单位开展研究，制订计划，并记录他们的包装是否符合每个属性。然后，他们画出包装的草图，与老师会谈，得到老师批准后再进行下一步。

3. 各小组利用教室或家里的材料设计包装，并在必要时进行反复修改。

4. 从学校的屋顶扔包装好的鸡蛋，然后学生对整个过程进行反思。

应当说，在航空营地扔鸡蛋这样有趣的活动并没有错，但稍微调整一下方向就可以让营员（或学生）进行更深入的思考。我八岁时面对的任务很简单，就是制作保护鸡蛋的包装，除了把材料拼凑在一起并把鸡蛋放进去，真的不需要太多的思考和努力。但是如果我们增加一两个制约因素，就像我们在体验2中增加了对理想包装的属性的探究，这就会成为一个工程项目。我们希望这些制约因素能促进探究，同时也希望制约因素能营造更加真实的产品开发环境。

这两个活动之间的差异值得我们注意，因为它们展示了同样的项目或活动是如何因教师在项目计划过程中或大或小的决定而产生了完全不同的结果。事实上，有好几次我们看到整个年级的教师都在做同一个项目，但他们没有意识到，各个班级学生的学习体验几乎完全不同。多数时候，这些差异取决于教师在设计探究体验时是否熟练，以及教师是否愿意放手让学生成为学习的中心。无论怎样，你和隔壁班教师做同一个项目，不意味着你的学生和隔壁班的学生有着同样的学习体验。

在日常教学中，我们可以使用制约因素来推动学生的思考。

- 如果你的计算器上的按钮 3 坏了，你怎么计算 34×3？

- 如果不查看天气预报，你怎么做才能最好地预测明天的天气？

- 美术室的蓝色颜料用完了，但你需要画天空，该怎么办？

- 不查看任何网站，做研究项目。

## 拥抱积极困境

当学生为实现学习目标而努力时，积极困境是动手学习和动脑学习之间的主要区别。多数情况下，我们的目标是后者。

我们在《破解项目式学习：在课堂上实施 PBL 和探究的 10 个简单步骤》中断言："学生通过这种积极困境，努力发掘对内容的理解，而不是在老师通过讲座、练习和任务来讲授课程时充当旁观者。"

然而，告诉学生从 A 点到 B 点不应该走最短、最容易的路径，让许多教师感到困惑。根据约翰·范德瓦尔博士（John Van de Walle，2018）的说法：

> 很难想象，去允许——更不用说去计划——让孩子们在课堂上遇到困难。学生遇到困难，我们却不告诉他们怎么解决，这似乎不合逻辑。然而，如果我们的目标是理解，那么这种困难就是学习的一部分。教学中最重要的不是教师，而是孩子们在做什么和想什么。

为了帮助创造一种积极困境文化，强调迭代的普遍性，我们给学生讲了第一代 iPhone 发布前的故事。在这个例子中，愤怒的史蒂夫·乔布斯（Steve Jobs）注意到，这些即将被运走的 iPhone 的塑料屏幕在和其他物品（如钥匙）一起放在口袋里时，会出现明显的划痕。结果，在距离产品发布只有六周的时候，苹果公司不得不将塑料屏幕改为玻璃屏幕。最后，这款手机经历了无数次的试验和试错，才达到现在的状态（Blodget, 2012）。与年龄小的学生一起工作时，我们特别需要展现这样的过程，提醒他们积极困境不仅是常态，而且不可或缺。

这里有两个实用的提示，你在允许积极困境时要牢记于心。

**让学生（也许还有他们的家人）知道这是必然发生的过程。**除非我们在一所将探究和项目式学习作为常态的学校里教学，否则我们的学生很有可能将积极困境理解为纯粹的困境。换句话说，他们会认为自己有问题，没有学会。因此，要事先让他们知道，困境和迭代是学习过程的一部分。（史蒂夫·乔布斯的故事有助于传达这一信息。）然后，对学生的错误做出相应的反应，定期提供提示和反馈（但不是答案），来支持学生前进。埃德·卡特穆尔在《创意公司》一书中告诉我们："当人们视试验为必要且富有成效的，而不是令人沮丧的浪费时间时，人们会享受工作——即使是在工作给他们带来困惑的时候。"

> 你和隔壁班教师做同一个项目，不意味着你的学生和隔壁班的学生有着同样的学习体验。

**我们可以随时给学生指导，但一旦给了就不能收回。**一旦我们给学生提供了过于详细的（比如一步一步的）指导，我们便不能再收回这种指导。学生可能会清楚地知道该怎么做了，但探究不复存在。我们要谨慎行事，我们可以问："我需要给学生什么才能最大限度地促进探究和提高创造力，同时又不至于让他们经历的挫折太严重？"我们想要给学生恰到好处的指引，不太容易、不太难、刚刚好。我们希望大多数学生都能经历积极困境。对于那些纯粹的困境，你可以根据需要，给予不同的学生或小组更多的指引。

## 最后的思考

说起直接教学和探究式教学，我们发现大多数教师通常偏向于一种方法，并在大部分教学中坚持使用这种方法。一位教师一旦转向探究式教学，就再也不会回头去进行直接教学了。对我们来说确实如此。自从我们实现了这一转变，每当我们计划课程和单元时，我们几乎都会下意识地问自己，如何将探究渗透到教学中？

尽管如此，我们没有必要在直接教学和探究式教学之间做出选择，因为为了学生的利益，两者可以共存。但我们确实认为探究式教学应该更加普遍。格兰特·威金斯表达了同样的紧迫感："如果教育的目的是培养自主和好奇的学生，那么我们就应当认为，学生的探究（以及由此产生的学生问题）应该是推动课程的驱动力。"

探究可以成为项目式学习的切入点，因为它可以被整合到课程、活动和表现性任务中，而不一定要用于整个单元。我们在成功运用小规模的探究之后，就可以在项目式学习的整个单元中使用探究的方法。这些单元可以被称为探究单元、课程探究等。不管我们怎么称呼它，我们仍需要共同的语言，因为共同的语言可以帮助我们避免混乱，同时促进合作和使愿景更加清晰。

# 真实的问题：
# 如何开始 PBL？

你不能光站在水滑梯顶端想，你必须亲自滑下去。

——蒂娜·菲（Tina Fey），演员

*埃琳*：有一年，我在五年级的课堂上与一位实习教师一起工作时，发现了一件有趣的事。这位实习教师承担更多的教学任务之后，融合了我的一些课堂管理技巧，包括我在给学生指令前吸引学生注意力的常规。这种常规对我和我的学生来说都很自然，但这位实习教师使用时却似乎不太好用。他很难吸引学生的注意力，最终，只好大声叫喊。在我们每周的例行反思会上，我问道："你在执行这个常规程序时感觉如何？"他的回答很坦白："你用它有效，所以我用它也应该有效，对吗？"

当时，我并没有完全理解"对别人有效，所以对我也应该有效"这种心态的问题。时至今日，我们仍然对这种"复制粘贴"的顽固假设感到惊讶。一刀切的做法对学生不管用，对教师也不管用。对于想要开始项目式学习的教师来说，情况就是这样。没有单一的有效切入点，我们必须找到自己的切入点。项目式学习在整个课程中并不是要么有，要么没有；它发生的时间是不固定的，要视整个课程情况来定。我们可以根据学生的优势和需要、我们的舒适程度、学习内容和可用的资源，进行灵活处置。

教师通常对这些事感到很惊讶：意识到有多种方法可以开始项目式学习；意识到他们其实已经开始项目式学习了，只是自己还不知道；或者意识到项目式学习并非全有或全无（你要么做了，要么没做）。

让我们来看一些启动项目式学习的方法。

## 真实的回答：从三种类型里的任一种开始

我们在《破解项目式学习：在课堂上实施 PBL 和探究的 10 个简单步骤》中，介绍了项目式学习的三种类型。当我们与教师分享这些类型时，他们经常问我们应该使用哪一种。没有人喜欢这样的答案："取决于具体情况！"然而，做出哪种选择确实取决于多种因素。我们认为项目式学习不存在规定的方法。我们可以提供一些考虑因素，供大家决策时使用。

## 产品型项目

如果你或你的学生在项目式学习方面经验有限，或者如果你和学生第一次一起进行项目式学习，可以将产品型项目作为起点。在产品型项目中，学生创造一个产品或举办一个活动。需要说明的是，这不同于传统的项目：即使所有的学生创造的都是类似的东西，他们也发挥了创造力，成为这一过程的主导者；全部学习通过这一产品或活动实现，而不是在学习之后额外添加一些点缀。

我们可以根据最终产品或活动的确定方式，把产品型项目分成不同的类别。有时，教师选择最终的产品。有时，教师设置框架，提供选择，并允许学生选择他们的产品或活动。在有些情况下，教师可以只设定项目框架，让学生自己决定产品或活动。

产品型项目的例子包括：

- 制作一个电影预告片，预测一本书的续集。
- 设计一个纪念碑来解释特定历史人物或时期。
- 制作健康奶昔，提高生活质量。
- 就家庭作业的有效性进行辩论。
- 为其他班级的学生表演短剧。

## 问题型项目

问题型项目围绕一个大家共同关心的问题来构建学习经验。如果你或你的学生已经发现了一个班级关心的真实问题，采用这个类型的项目就十分理想。解决问题本身就为学生提供了动力。参与解决真实的问题往往能给学生他们所需的特别激励，让他们勇敢投入工作。

开展问题型项目的方法也有所区别。可以由教师确定问题，或者教师介绍一个主题后，要求学生确定一个相关的问题。如果出现了多个问题，可以全班一起解决一个问题，或者教师可以允许每个学生或每个小组解决自己的问题。

问题型项目的例子包括：

- 学生的课桌让人很不舒服；
- 排队吃午饭的时间太长了；
- 当地图书馆的书流通率很低；
- 附近居民喜爱的一家餐馆需要重新装修；
- 濒危动物需要帮助才能生存。

## 开放型项目

开放型项目通常被认为是限制性最小的类型。在开放型项目中，只要是指向设定的持久理解和学习目标，学生可以用任何适合他们的方式来展示学习。这种方法通常最适合那些有项目式学习经验的教师和学生。假设在一个有30名学生的班级里，每个人都做自己的项目，每个人沿不同的学习路径达成相似的学习目标，对此，教师必须有能力从容面对和处理。学生也需要从容处理现有的选择和资源，这样才能在教师指导最少的情况下进行探索。

如果要提供额外的支持，教师可以考虑为学生提供一个基本问题，这个问题或者由教师抛给学生，或者由师生共同提出。教师也可以给学生一些书面指导。如果教师想给予学生某种指导，可以引导学生探究一个抽象的问题、进行调查研究，或对一个问题表明立场（Larmer, Mergendoller and Boss, 2015）。

## 从动手开始，过渡到动脑

当学生朝着学习目标努力时，积极困境是动手学习和动脑学习之间的主要区别。虽然我们的目标一般是后者，但从动手到动脑说起来容易，做起来难。不过，就像老式的项目可以成为项目式学习的起点一样，在向动脑学习过渡时来一些动手学习也没有问题。

*罗斯：让我用太阳能汽车的例子来说明我是如何从动手过渡到动脑的。记住，这些相同的想法和步骤可以应用于无数的产品和情境中。*

### 起始状态

我先是购买了 10 个太阳能汽车套件。根据零件清单，每个套件包括以下内容：车身、大头钉、螺丝（5 个）、木块（2 个）、短轴、长轴、镊子、木轮（5 个）、砂纸、管子、滑轮、马达、马达架、松紧带（2 个）和带测试线的太阳能电池板。

这 10 个套件中的每一个都附有明确的步骤指示——共有 19 个步骤，供用户正确无误地拼装汽车。指南中还附有照片。而且，为了以防万一，他们还提供了视频链接，该视频准确地演示了应该如何遵循这些指示。

### 中间过程

为了鼓励探究式学习，并让学生尽可能多地参与，我决定不给他们我购买的所有材料。为此我问自己："我需要给学生什么，才能最大限度地促进探究和提高创造力，同时确保不会让他们感到太挫败？"

在与学校的看门人马特·斯奈德（Matt Snyder）一起研究了这个问题很长时间后，我决定为学生提供以下东西：

- 一个带测试线的太阳能电池板。

- 一个马达。

- 四个木轮。

- 一根短轴。

- 一根长轴。

- 四个螺丝。

- 此外，允许学生使用自带材料。

请大家花点儿时间对比这份清单与原始套件中的材料。

与没有约束或目标的开放型项目不同，为了推进工程，我告诉学生他们最终的汽车可能获得五个班级奖项：最具创意、最佳设计、最环保、最快和最低成本。我要求每个小组选择两个奖项，解释赢得奖项的策略，然后以他们所选择的奖项为基础绘制蓝图并设计他们的汽车。

新的项目指南要求学生提交以下内容：

- 详细绘制的蓝图，并在蓝图上标明所有的部件。

- 对汽车内部各个系统的说明和分解图（例如，如何确保马达通电后车轮就会转动）。

- 工程中出现的主要问题和解决方案。

- 预算文件。

- 反思，重点是每个小组在赢得目标奖项方面的成功或失败情况。

## 最终结果

为了让学生提前预知将发生的积极困境，我向学生说明这一挑战时，与他们分享了我的计划过程和设计意图。这种透明的过程将帮助学生理解积极困境和迭代是学习中一个精心设计的部分。

最后，如果我们想改进这个活动使之成为项目式学习，我们可以整合第一章中项目式学习的要素：重要内容和支持性内容、持久理解、基本问题、学习目标、进度评估工具等。

## 从学生发表开始

在《破解项目式学习：在课堂上实施 PBL 和探究的 10 个简单步骤》中，我们揭示了项目式学习是如何将一系列最佳实践结合起来的。这些实践包括但不限于：营造鼓励探究和创造的文化，设计灵活的学习空间，教授协作技能，促进学生自我评估，通过会谈和反馈提升学生的学习能力，整合后直接教学，使用形成性评估来推动教学，让学生发表自己的作品，以及让学生自我反思。这些实践中的任何一项都可以成为项目式学习的切入点。在这些实践中，我们认为值得（本书和教育界）更多关注的是学生发表。随着互联网的运用，学生发表开始成为一种打破教室墙壁的简单方法。

2011 年 11 月，教育技术领导者艾伦·诺韦伯（Alan November）在纽约的一次活动中发表了一场 TEDx 演讲。在演讲中，他讲述了一个故事（从 7 分 30 秒开始）。他的女儿发现了一个年轻的作者，这位作者因在 fanfiction.net 上发表的文章而拥有大量的粉丝——她写的是哈利·波特同人。艾伦·诺韦伯见到了这位年轻的作者，得知她在学校遇到很多困难。他问她，她在网络写作平台上这么成功，为什么在学校里却遇到很多困难。她告诉他：

> 我已经意识到，当我醒来的时候，必须做出决定。我是写给老师看还是发表给全世界的人看？这是一个非常重要的决定。而我越来越强烈地感到，答案是发表给全世界的人看。

问题在于，这个故事发生在 2003 年，当时许多孩子还没有发现自己可以在全球范围内发表作品。现在，学生已经发现，他们的声音可以被全世界听到。我们需要让他们发表作品——即使不是面向全世界，至少是面向他们的同伴。

那么，基础写作能力和发表，应该哪个在先？换句话说，学生在发表作品之前，是否应该先掌握基础知识和基本能力？还是说他们可以边学边发表？在我们心中，答案毫无疑问是后者。因为，归根结底，不让学习遇到困难的学生发表作品，就相当于说："以激动人心的、真实的方式接受教育是一种特权。"

## 发布平台

选择发布平台要有目的性。我们相信应当使用校外常用的真实工具，而不是专为学校设计的工具。下一页的克服 PBL 障碍图解释了这样做的三个原因。

我们确实相信，真实的对话至少应该从真实的技术开始。可能存在一些限制性因素，如高成本、工具的复杂性和年龄限制，但如果我们只考虑提供为学校设计的工具，就会限制学生的可能性。

无论如何，要让学生发表作品。

# 克服 PBL 障碍图

## 三个使用真实世界中技术工具的原因

**必须教授数字公民技能。**

如果我们过多地考虑"安全",害怕风险,让学生只用校内技术工具,他们就会失去宝贵的学习机会。使用真实技术工具让学生能够把所学应用到接近真实世界的环境中,同时即使他们犯了错误,我们也可以在他们身边及时施救,把错误转化为可以从中受益的学习机会。

**教授企业家精神也已经迫在眉睫。**

学生不仅应该学会如何工作,还应该学习及体验如何分享及推广他们的作品。使用真实的发布平台,学生可以即时地创建并宣传自己的事业,收获真实的粉丝,发表并销售电子书等。所有这些在真实平台上都是可能实现的。

**你的电子足迹正在成为你的简历。**

如果我们的学生申请大学时没有电子足迹,我们就没有为他们提供应得的服务。我们需要让自己的学生能被搜索到——让他们因自己留下的电子足迹而在竞争中占得先机。校内平台的作品一般无法被搜索引擎搜索到。此外,我们希望学生熟悉他们离开学校后可能会使用的工具产品。

我们不会提具体的技术。因为工具会变,但道理不变。

## 从学生选择开始

在前言中，我们讨论了参与性与相关性，以及为什么学生选择可以让学习变得更切身相关。学生选择也可以成为项目式学习的切入点，因为把选择权交到学生手中是一种从老式项目过渡到 PBL 的自然方式。然而，将学生的选择权渗透到课程和单元中可能会带来挑战。根据我们的经验，教师很容易快速且错误地认为学生的学习充满了选择，而实际上，学习还是更多地取决于教师的要求，而不是学生的需求。（是的，我们也曾犯过这些错误。）

> 不让学习遇到困难的学生发表作品，就相当于说："以激动人心的、真实的方式接受教育是一种特权。"

我们曾在一些活动中与教师合作，将更多的学生选择纳入他们的教学中。以下两个活动的步骤供你参考，即使你不打算组织这样的活动，其中的一些步骤（例如，步骤 2 中的 T 形图）也可以帮助你思考自己的工作。

### 较短活动的流程

1. 观看并讨论约翰·斯潘塞的视频《用选择权赋能学生的 10 个方法》（ *10 Ways to Empower Students With Choice* ）。

2. 选择一个你已经做过且想修改的项目，根据这个项目填写一张 T 形图。左侧标题为"教师的选择"，包含教师在项目中的选择；右侧标题为"学生的选择"，包含项目期间学生的选择。

3. 使用以下提示，分析和讨论你的 T 形图和项目。

   • 总的来说，你注意到了什么？有什么让你感到吃惊的吗？

   • 你如何能在你的项目中提供更多的学生选择？考虑内容（学生

学习的内容）、过程（学生如何学习）、产品（学习的证据）和环境（教室的结构和布局）（Tomlinson, 2017）。

- 在提供更多的学生选择方面，你有保留吗？

4. 根据以上讨论，你接下来要采取哪些措施？

## 较长活动的流程

1. 观看并讨论约翰·斯潘塞的视频《用选择权赋能学生的 10 个方法》。

2. 选择一个你已经做过且想修改的项目，根据这个项目填写一张 T 形图。左侧标题为"教师的选择"，包含教师在项目中的选择；右侧标题为"学生的选择"，包含项目期间学生的选择。

3. 在小组中，使用以下提示，分析和讨论彼此的 T 型图和项目。

- 总的来说，你发现了什么？有什么让你感到意外的吗？

- 看看每个人学生选择的例子，你是否可以把它们分成几类？存在哪些共同点？

- 你对你的小组成员有什么建议，可以让他们在项目中提供更多的学生选择？考虑内容（学生学习的内容）、过程（学生如何学习）、产品（学习的证据）和环境（教室的结构和布局）（Tomlinson, 2017）。

4. 对前面的提示进行整组讨论，同时应讨论为什么学生选择很重要。

5. 修改你的项目，纳入更多学生选择。你在修改的时候，考虑以下问题：

- 学生要设计一个产品吗？还是要解决一个问题？还是开放型项目学习？还是别的什么？

- 作为项目的结果，你希望学生理解什么？

- 你将如何评估学生，或给他们评分？

- 项目中进行的课程需要涉及哪些内容，你如何教？

6. 之后，请分享以下内容：

- 简述你的项目一开始是什么样，后来是什么样，区别在哪里。

- 学生选择增加了哪些新机会？这些机会将如何使你的学生受益？

7. 提供同伴反馈。


学生选择这一术语本身很简洁易懂，我们无须向教育者、学生和家长解释，所以它很有效。教学方法太多，要想真正使某种方法发挥最大作用，就需要确定它到底是什么，而这带来一层额外的障碍。参与者需要和一些他们不熟悉的专业术语打交道，这很容易让他们失去兴趣。正如我们在第一章中说到的那样，想要定义"项目式学习"对个人来说可能很难，而制定一个共同的定义对组织来说可能更难。

然而，学生选择这个词，并不存在这种障碍，因为它一目了然，是已有的共同语言。我们可以跳过"什么是学生选择"，直接讨论"为什么要让学生选择"和"如何给学生选择"。而且，从学生选择开始，我们可以无缝地过渡到项目式学习，这就是以上这个较长活动的目的。


## 从一个现有的项目开始


另一个值得一提的切入点是将一个旧的学校项目重新包装成项目式学习，正如第一章中所详述的那样。我们与教师一起做这项工作时，一个最受欢迎的活动是"如何重新设计一个糟糕的项目？"*罗斯：在活动*

中，我要求参与者分析我做四年级教师时主持的一个项目。在这个项目中，所有学生都要为美国东部地区制作一个小册子。当然了，当时我认为这个项目特别先进，我还记得我向所有愿意听的人吹嘘它。但是，现在看来，我在设计这个项目时，思维过程非常接近第一章第一段的陈述，这是一个糟糕的项目，结果也证明了这一点。

参与者用以下六个问题对项目及其评分标准进行分析。这些问题适用于各种项目，包括你的项目，也包括我们在互联网上或同事那里找到的项目案例。

1. **学习何时发生**？学习应该发生在整个项目中，而不是在"真正的学习"发生后外加的项目。换句话说，项目应该是主菜而不是甜点。

2. **项目和学生的生活是否相关**？我们是否只满足于让学生参与，而没有做到更好？

3. **学习在多大程度上是个性化的**？如果我们把整个项目中的所有选择都划分为教师选择或学生选择，我们会发现什么？我们如何把更多的选择权交到学生手中？

4. **谁来评估学习**？在理想的情况下，我们希望学生能够在整个学习过程中进行自我评估。

5. **谁是受众**？在当前的技术环境下，没有理由让教师成为学生工作的唯一受众。若学生在工作中考虑到教师之外的特定受众，他们的工作就会更加真实。

6. **你还能补充什么**？

除了可以帮大家从项目过渡到项目式学习，这项活动还有两个具体的目的。

第一，公开讲述我们自己的经历可以让参加活动的教师更容易和我们建立联系，同时鼓励其他人和我们一起学习。一些专业的学习引导者很容易表现出这样的态度："我做过许多工作和研究，就应该像我说的这样做。"我们想展示我们一路走来所犯的错误，将每个想为学生做到更好的教师团结在一起，每个人都能看到，人人都会犯错误，而不是只有自己。

第二，我们使用自己的项目，这样其他人就不必使用他们自己的项目。在组织这个活动的过程中，我们无数次无意间听到某个参与者说："这看起来像我的某个项目。"我们把自己的工作拿出来接受批评，这也满足了别人的需求，而且在不直接批评他们当前做法的同时帮助他们进步。

当我们在教室里与教师和学生一起工作，从项目过渡到项目式学习时，我们可以经常问学生这个问题："你在学习什么？为什么要学习这一内容？"如果答案与具体的技术或工具、产品有关，与听从指令或在考试中取得好成绩有关，那么教与学也许是陷入了误区，我们当前在做的只是一个老式的项目。相比之下，我们更希望学生的答案与学习目标相关，他们的学习与他们个人息息相关。

## 从"天才时间"开始

"天才时间"也被称为"20%时间"和"激情项目"，它基于这样的理念：（1）当学生对学习有自主权时，学习效果最好；（2）我们需要在学校为学生腾出时间，让他们探索自己热爱的事物，而不是在学校里只能遵守学校的游戏规则，然后回家去体验真正的学习。用奥斯汀·克莱恩的话说，"学校是一回事，教育是另一回事，两者并不总是重合。"我们的工作是确保这种重合尽可能多地发生。

"天才时间"让学生探讨不同的主题，或通过研究探索他们选择的问题，采取行动（通常是在教室之外），然后可能就他们的工作进行演讲。由于主题是基于学生的选择，因此不能保证主题与内容性的课程标准（例如，叙述性写作、分数、美国内战）有联系，但总是可以与过程性的课程标准（例如，研究、解决问题、合作）有联系。有时，在学生完成了大部分工作后，教师会与他们合作，将学生的成就与内容标准和过程标准明确联系起来。

在《天才时间》（*Genius Hour*, 2017）中，安迪·麦克奈尔（Andi McNair）为"天才时间"提供了一个简单明了的六步流程（6Ps）。

1. **激情**（Passion）。你想学什么？你认为什么有趣？你对什么感到兴奋？

2. **计划**（Plan）。谁是你的外部专家？你需要哪些材料来完成这个项目？你每天需要做什么来实现你的目标？

3. **推销**（Pitch）。你将如何与同学们分享你的想法？你打算如何让我们加入？

4. **项目（Project）**。现在是开始干活的时候了！你今天需要做什么来推进你的项目？你在创造、制作或设计什么？

5. **产品（Product）**。你创造了什么？你可以向我们展示什么来证明你的学习成果？

6. **演示（Presentation）**。你打算如何分享你的学习成果？你能与他人分享你的想法或项目吗？你将使用什么工具来使你的演讲对听众有吸引力？

与我们合作过的老师都认为这个流程很有帮助。当然，有无数种方法来组织"天才时间"。我们建议让学生用一个问题来表达他们的激情，以促进探究，使任务变得更容易操作。例如，对于安迪·麦克奈尔的第一步，学生可以用一个有针对性的问题来深化他们的探索，不仅仅选择"烘焙"作为主题，而是提出这一问题："我怎样才能用最少的材料烘焙点心？"

项目式学习总是通过教、学和评估与内容标准（和过程标准）相联系。对教师来说，尤其是对那些在项目式学习方面经验较少的教师来说，设计这些类型的体验可能很棘手，甚至令人生畏。并且，教师还可能对它以学生为中心的性质感到不适应。

"天才时间"可以成为项目式学习的一个令人舒适的切入点。它更容易计划，因为它没有必须与内容标准相联系的限制；因为不需要与标准相联系，所以它是一种低风险、高回报的将学生置于学习中心的方法。此外，"天才时间"将学生的兴趣置于课程之上，我们可以用这种方法让学生对自己的学习感到兴奋。

"天才时间"不仅是一个切入点，它可以与项目式学习同时进行。*罗斯*：在我的四年级班里，项目式学习贯穿全年，而"天才时间"几乎每周四都有，每次大约持续45分钟。无论教室里会发生什么其他事情，许多教师定期（如每周）组织"天才时间"。

## 最后的思考

我们与许多教师、学校和学区合作，他们从一到两个单元开始项目式学习之旅。这也许是他们自己设定的目标，也可能是学校或学区的目标。我们自己的学区要求参与 PBL 计划的教师在下一学年的某个时间点实施并分享一个 PBL 单元。

我们曾经赞成这种方法，但它会带来两个问题。

第一，它为每个人确立了相同的目标，而不管他们目前的做法和知识如何。虽然有些人可能已经准备好实施完全基于项目式学习的课程，但其他人可能觉得改变太大了，自己还没准备好。这时，如果可以有多个切入点，对这些教师会有帮助。

第二，我们犯错，从错误中学习，然后应用我们学到的东西，从而有所改进。但是，如果我们一年只做一到两个项目，我们就不得不等到下一年再去应用我们的学习成果。这样的学习曲线可能上升很缓慢且艰难，导致我们的专业成长不够快。

与其寻求实施一到两个项目，不如尝试实施两到三个 PBL 组件，如灵活的学习空间和学生发表；实施四到五个较短的项目；或让学生参与至少两个月的项目学习。（根据具体情境调整这些数字。）无论是哪种方式，你都在创造条件，不仅从错误中学习，还反复并及时地应用你在这一过程中学到的东西。而对于那些不习惯项目式学习的学生来说，较短的项目可能不那么令人难以接受。

这也是汤姆·凯利和戴维·凯利在采用设计思维的工作中采取的方法。在《自信创造》中，他们写道：

> 在我们的课程和研讨会中，我们首先要求人们通过快速的设计挑战来工作……通过经验建立信心会鼓励人们在未来采取更多的创造性行动，从而进一步增强信心。出于这个原因，我

们经常要求学生和团队成员完成多个快速设计项目，而不是一个大项目，以使学习周期的数量最大化。

　　无论我们在项目式学习中处于什么位置，这种学习周期数量的最大化对于我们的学习和学生的学习都是至关重要的。

　　最后，我们需要熟悉学生的优势和需求、我们自己的舒适程度、内容的要求以及可用的资源。有了这些信息，我们就可以选择对我们最有效的切入点，并决定我们应该以什么样的速度前进。

**结 语**

# 问题、答案、行动

如果你认为做不到，那么请不要打断我们的课堂，

因为我们现在正在做。

——中国谚语（经过修改）

成功的改变从第一步开始。庆祝迈出第一步是我们未来取得成功的关键。在尝试新事物时，我们中的许多人总是关注出错的地方。虽然这种关注可以帮助我们成长，但我们的大脑和心理也需要正面的反馈。如果我们忽视自己做对的地方，而只关注负面的东西，就没有给自己真正需要的那种反馈。事实上，这样做很可能是在强化负面的做法。勇敢地暂时停下来，庆祝你所收获的成功。

奇普（Chip）和丹·希思（Dan Heath）在他们的书《转变》（Switch）中提醒我们，成功的变革需要方向、动力和计划。你知道你的方向：项目式学习。你知道你这么做的动力：让学生高质量地学习。而现在，但愿你也有计划。

我们偶尔会听到一些教师说这样的话，如："我们要把这个单元变成PBL"或"今年，我的目标是做两个PBL"。虽然从小事做起并设定一个可实现的目标可以帮助我们开始，但要避免在你的PBL课和没有PBL的课之间制造激烈的对立。要使项目式学习产生成功的结果，就不能把它们当成灯泡一样：今天开，明天关。而且，项目式学习不应该被用作偶尔插入传统学习中的"特殊学习"。这种突然的断续给学生传递了有关他们该如何学习的不连贯信息。它们会打断教学常规的生成，并最终损害我们创造可持续变化的能力。无论你是否正在进行"全面的"项目式学习，都应当以本书中介绍的这些支持PBL的实践为目标。我们可以创建这样的课堂：始终充满积极的关系、探究、学生谈话，以及更多。记住，文化不是在一夜之间建立起来的，它需要持续的关注和关怀。

我们承担的风险与我们可能面临的批评成正比。简而言之，我们以不同的方式教学时，其他人可能会谴责这些他们不理解的做法（相信我们，我们经历过这些）。虽然说起来容易做起来难，但我们需要尽我们所能盖过批评者的声音，只关注对学生最有利的做法。布琳·布朗在《无所畏惧》中直指核心："这一点前所未有地改变了我的生活：意识到如果凭看台上的人们的反应来评估自我的价值，完全是浪费时间。"我们应该依据学生的工作来评价自己，而不是依据批评者的风凉话来评价自己。所有伟大的教育者都有一个共同点：他们把学生放在工作的中心，并为学生提供相应的支持。

最后，如果我们一直在等待完美的时间、完美的想法或完美的答案，我们将永远无法开始项目式学习，或者永远无法推进这项工作。关于答案的棘手之处在于，答案永远不够多，而答案往往会引起越来越多的问题。这是一个关于问题和答案的恶性循环，但其中也有美好存在。当我们决定接纳这个循环时，我们唯一的选择就是继续前进，为我们自己而学习，为学生而学习。在这个学习过程中的某些时候，我们会获得勇气，将我们所获得的知识和技能付诸行动。这时，我们所有的努力都会得到回报。

> 我们承担的风险与我们可能面临的批评成正比。

## 真实的问题、真实的答案

我们鼓励你继续学习，继续提出问题。更重要的是，我们希望你受到启发后去分享自己的一些答案。

你可以在本书的网站（realpbl.com）上找到更多资源。我们的Facebook 小组包括成千上万志同道合的成员，网址是 facebook.com/groups/realpbl。加入在线讨论时，请使用标签 #RealPBL。

我们很乐意在你的旅程中与你保持联系。

# 致 谢

### 罗斯

　　我首先要再次感谢我的父亲，梅尔文·查尔斯·库珀。感谢他不知疲倦、不停歇地工作，为家庭带来高质量的生活。感谢我的母亲朱迪丝·库珀，感谢她抚养我。感谢我的兄弟姐妹——斯潘塞、怀特尼和克雷格——感谢你们一直在我身边。感谢几位专业的同事：安东尼·莫耶、克里斯滕·坎贝尔、托尼·西纳尼斯、汤姆·默里和南希·甘布带，你们是塑造我作为一个教育者和一个人的重要力量。我们在一起成为更好的自己。当然，我也要感谢我现在的雇主查帕夸中央学区的行政人员、教师、学生和家长。

### 埃琳

　　感谢我在宾夕法尼亚州东部学区的同事。在过去的 13 年里，我很荣幸为宾夕法尼亚州东部学区服务，让我有机会作为一个教育工作者不断成长。为此，我永远心怀感激。感谢我的父母，罗丝和比尔·汉密尔顿，他们教会了我教育和努力工作的重要性。感谢我的女儿们，她们激励我做好人、做好事；我非常爱你们。感谢我的丈夫，内特，感谢他无尽的支持和诚实的态度。谢谢你让我有吃的，有咖啡，还有爱。没有你，这一切都不可能实现。

# 附录：
# 哪里可以找到更多信息？

在 realpbl.com 可以找到以下及更多免费资源。

## 模板
空白的项目规划模板和空白的进度评估工具模板。

## 项目案例
我们犹豫是否该提供项目案例，但在我们自己设计项目时，我们知道参考已有的项目会有帮助，就像学生能从示范中受益一样。我们选择了实施 PBL 通常最有挑战的年级和学科领域：小学低年级、英语课、数学课和高中社会研究。即使你不教这些年级或学科，你仍然可以查看这些项目的组织形式并从中受益。

## #RealPBL 讨论问题
指导讨论和反思的 30 个问题。

## 克服 PBL 障碍图
本书中的全部八个插图。

## 手绘插图
本书中的全部四张手绘插图。

## 电子书

《探究还能如何发生？》（*How Else Can Inquiry Happen?*）

探讨项目式学习与设计思维、"天才时间"、个性化学习和创客空间之间的联系。

《如何领导项目式学习？》（*How Do I Lead Project Based Learning?*）

提供了用于领导项目式学习和实施其他教学转变的具体框架。

《虚拟世界中项目式学习的分步指南》（*A Step-by-Step Guide to Project Based Learning in a Virtual World*）

为远程学习而设计，该资源直观地呈现项目式学习，而不牺牲这种以学习者为中心的方法的独特之处。

## #RealPBL 删减的场景

包含本书最终稿删减的部分。

## 与我们合作

发现与我们合作的机会。

# 参考文献

**Anderson, C. (2018).** *A Teacher's Guide to Writing Conferences.* Portsmouth, NH: Heinemann.

**Bandura, A. (1997).** *Self-Efficacy: The Exercise of Control.* New York, NY: W. H. Freeman.

**Blodget, H. (2012, January 22).** Steve Jobs freaked out a month before first iPhone was released and demanded a new screen. *Business Insider.* Retrieved from https://www.businessinsider.com/steve-jobs-new-iphone-screen-2012-1

**Brown, B. (2012).** *Daring Greatly: How the Courage to be Vulnerable Transforms the Way We Live, Love, Parent, and Lead.* New York, NY: Avery.

**Bruce Mau Design. (2010).** *The Third Teacher: 79 Ways You Can Use Design to Transform Teaching & Learning.* New York, NY: Abrams.

**Calkins, L. (1994).** *The Art of Teaching Writing.* Portsmouth, NH: Heinemann.

**Catmull, E., & Wallace, A. (2014).** *Creativity, Inc.: Overcoming the Unseen Forces that Stand in the Way of True Inspiration.* New York, NY: Random House.

**Chui, M., & Manyika, J. (2015).** Four Fundamentals of Workplace Automation. *McKinsey Quarterly.* Retrieved from https://www. mckinsey.com/business-functions/ mckinsey-digital/our-insights/ four-fundamentals-of-workplace-automation

**Cooper, R., & Murphy, E. (2018).** *Hacking Project Based Learning: 10 Easy Steps to PBL and Inquiry in the Classroom.* Highland Heights, OH: Times 10 Publications.

**Covey, S. (2004).** *The 7 Habits of Highly Effective People: Powerful Lessons in Personal Change.* New York, NY: Simon & Schuster.

**Dillon, R., & Hare, R. (2016).** *The Space: A Guide for Educators*. Irvine, CA: EdTechTeam Press.

**Doorley, S., & Witthoft, S. (2012).** *Make Space: How to Set the Stage for Creative Collaboration*. Hoboken, NJ: John Wiley & Sons.

**Dweck, C. (2016).** *Mindset: The New Psychology of Success*. New York, NY: Random House.

**Fang, S., & Logonnathan, L. (2016).** *Assessment for Learning Within and Beyond the Classroom: Taylor's 8th teaching and learning conference 2015 proceedings*. New York, NY: Springer.

**Fisher, A., Godwin, K., & Seltman, H. (2014).** Visual Environment, Attention Allocation, and Learning in Young Children: When Too Much of a Good Thing May Be Bad. *Psychological Science, 25*(7), 1362–1370.

**Hattie, J. (2012).** *Visible Learning for Teachers: Maximizing Impact on Learning*. New York, NY: Routledge.

**Heath, C., & Heath, D. (2010).** *Switch: How to Change Things When Change Is Hard*. New York, NY: Broadway Books.

**Hess, K. (2018).** *A Local Assessment Toolkit to Promote Deeper Learning: Transforming Research Into Practice*. Thousand Oaks, CA: Corwin.

**Hodges, T. (2018).** Not Just a Buzzword. *Principal, 98*(1), 10–13.

**Kelley, T., & Kelley, D. (2013).** *Creative Confidence: Unleashing the Creative Potential Within Us All*. New York, NY: Crown Business.

**Kleon, A. (2012).** *Steal Like an Artist: 10 Things Nobody Told You About Being Creative*. New York, NY: Workman.

**Kohn, A. (September 2001).** Five Reasons to Stop Saying "Good Job!" [Blog post]. Retrieved from https://www.alfiekohn.org/article/five-reasons-stop-saying-good-job/

**Kohn, A. (2011).** The Case Against Grades. *Educational Leadership, 69*(3),

28–33.

Kotter, J. (2012). *Leading Change*. Boston, MA: Harvard Business Review Press.

Larmer, J., Mergendoller, J., & Boss, S. (2015). *Setting the Standard for Project Based Learning: A Proven Approach to Rigorous Classroom Instruction*. Alexandria, VA: ASCD.

Lencioni, P. (2002). *The Five Dysfunctions of a Team: A Leadership Fable*. San Francisco, CA: Jossey-Bass.

McNair, A. (2017). *Genius Hour: Passion Projects that Ignite Innovation and Student Inquiry*. Waco, TX: Prufrock Press Inc.

McTighe, J., & Wiggins, G. (2015). *Solving 25 Problems in Unit Design: How Do I Refine My Units to Enhance Student Learning?* Alexandria, VA: ASCD.

Meyer, D. (2012, August 9). Khan Academy Does Angry Birds [Blog post]. Retrieved from https://blog.mrmeyer.com/2012/khan-academy-does-angry-birds

Nair, P. (2014). *Blueprint for Tomorrow: Redesigning Schools for Student-Centered Learning*. Cambridge, MA: Harvard Education Press.

National Association of Colleges and Employers. (2020). Job Outlook 2020. Retrieved from https://www.vidteamcc.com/stadistics/2020-nace-job-outlook%20(1).pdf

Organization for Economic Cooperation and Development. Futures Thinking In brief. Retrieved from https://www.oecd.org/site/schoolingfortomorrowknowledgebase/futuresthinking/futuresthinkinginbrief.htm

PBLWorks. (2019). Collaboration Rubric for PBL: Individual Performance for Grades 3–5; Common Core ELA aligned. Retrieved from https://my.pblworks.org/system/files/documents/PBLWorks-3-5-Collaboration-Rubric-CCSS.pdf

Pierson, R. (2013, May). *Rita Pierson: Every Kid Needs a Champion* [Video file]. Retrieved from https://www.ted.com/talks/rita_pierson_every_kid_needs_a_champion

Pink, D. (2009, July). *Dan Pink: The Puzzle of Motivation* [Video file]. Retrieved from https://www.ted.com/talks/dan_pink_on_motivation

Port, M. (2015). *Steal the Show: From Speeches to Job Interviews to Deal-Closing Pitches, How to Guarantee a Standing Ovation for All the Performances In Your Life*. New York, NY: Houghton Mifflin Harcourt.

Quaglia Institute for School Voice and Aspirations. (2016). School Voice Report 2016. Retrieved from http://quagliainstitute.org/dmsView/School_Voice_Report_2016

Quinn, T. (2012, December 7). G-R-O-U-P W-O-R-K Doesn't Spell Collaboration. *Education Week*. Retrieved from https:// www.edweek.org/ew/ articles/2012/12/01/kappan_quinn.html

Ray, K. W., & Laminack, L. (2001). *The Writing Workshop: Working Through the Hard Parts (and They're All Hard Parts)*. Urbana, IL: National Council of Teachers of English.

Reeves, D. (2010). *Transforming Professional Development Into Student Results*. Alexandria, VA: ASCD.

Ritchhart, R., Church, M., & Morrison, K. (2011). *Making Thinking Visible: How to Promote Engagement, Understanding, and Independence for All Learners*. San Francisco, CA: Jossey-Bass.

Rothstein, D., & Santana, L. (2011). *Make Just One Change: Teach Students to Ask Their Own Questions*. Cambridge, MA: Harvard Education Press.

Sackstein, S. (2017). *Peer Feedback in the Classroom: Empowering Students to Be the Experts*. Alexandria, VA: ASCD.

Schmoker, M. (2011). *Focus: Elevating the Essentials to Radically Improve Student Learning*. Alexandria, VA: ASCD.

Spencer, J., & Juliani, A. J. (2016). *LAUNCH: Using Design Thinking to Boost Creativity and Bring Out the Maker in Every Student*. San Diego, CA: Dave Burgess

Consulting, Inc.

Stone, D., & Heen, S. (2014). *Thanks for the Feedback: The Science and Art of Receiving Feedback Well.* New York, NY: Penguin Books.

TEDx Talks. (2011, March). *Alan November* [Video file]. Retrieved from https://www.youtube.com/watch?v=ebJHzpEy4bE

Thornburg, D. (1999). *Campfires in Cyberspace.* Lake Barrington, IL: Starsong.

Tomlinson, C. A. (2017). *How to Differentiate Instruction in Academically Diverse Classrooms* (3rd ed.). Alexandria, VA: ASCD.

Van de Walle, J. (1999). *Reform Mathematics vs. the Basics: Understanding the Conflict and Dealing with It.* Retrieved from http://www.mathematically-sane.com

Van de Walle, J., Karp, K., Lovin, L. A., & Bay-Williams, J. (2018). *Teaching Student-Centered Mathematics: Developmentally Appropriate Instruction for Grades 3–5.* Upper Saddle River, NJ: Pearson.

Watkins, M. (2012). *The First 90 Days: Proven Strategies for Getting Up to Speed Faster and Smarter.* Boston, MA: Harvard Business Review Press.

Wiggins, G. (2012). Seven Keys to Effective Feedback. *Educational Leadership, 70*(1), 10–16.

Wiggins, G. (2014, August 30). UbD and Inquiry–A Response to 2 Questions [Blog post]. Retrieved from https://grantwiggins.wordpress. com/2014/08/30/ubd-and-inquiry-a-response-to-2-questions

Wiggins, G., & McTighe, J. (2005). *Understanding by Design.* Alexandria, VA: ASCD.

Wormeli, R. (2018). *Fair Isn't Always Equal: Assessment and Grading in the Differentiated Classroom.* Portland, ME: Stenhouse.

Wujec, T. (2010, February). *Tom Wujec: Build a Tower, Build a Team* [Video file]. Retrieved from https://www.ted.com/talks/tom_wujec_build_a_tower

图书在版编目（CIP）数据

项目式学习：教师不可不知的8个关键问题／（美）
罗斯·库珀，（美）埃琳·墨菲著；赵小莉译. -- 上海：
上海教育出版社，2024.2
ISBN 978-7-5720-2517-4

Ⅰ.①项⋯ Ⅱ.①罗⋯ ②埃⋯ ③赵⋯ Ⅲ.①中小学
—教学法 Ⅳ.① G632.4

中国国家版本馆 CIP 数据核字（2024）第 072887 号

上海市版权局著作权合同登记号　图字 09-2023-1064 号

策　　划　源创图书
责任编辑　董　洪
特约编辑　郭晓娜　王　莹
责任印制　梁燕青
内文设计　许　扬
封面设计　奇文云海

Xiangmushi Xuexi: Jiaoshi Bukebuzhi de 8 Ge Guanjian Wenti

项目式学习：教师不可不知的8个关键问题
［美］罗斯·库珀　［美］埃琳·墨菲　著
赵小莉　译

出版发行　上海教育出版社有限公司
官　　网　www.seph.com.cn
地　　址　上海市闵行区号景路159弄C座
邮　　编　201101
印　　刷　北京华宇信诺印刷有限公司
开　　本　710×1000　1/16　印张 13.5　插页 1
字　　数　180千字
版　　次　2024 年 2 月第 1 版
印　　次　2024 年 5 月第 1 次印刷
印　　数　1—6,000 本
书　　号　ISBN 978-7-5720-2517-4/G·2212
定　　价　69.80元

如发现质量问题，请向本社调换　电话 021-64373213